U1017916

公司治理与国企改革研究丛书

主编 高明华

金字塔控股结构与绩效稳定性

Pyramidal Ownership and Stability of Corporate Performance

刘立煌 赵勇 王慧敏 著

中国出版集团 東方出版中心

作者简介

刘立煌，1981年生，山东潍坊人，中国社会科学院经济学博士。曾就职于中国五矿集团公司办公厅，后转入五矿有色金属控股有限公司工作。参与国企转型、公司治理等多个政府与企业研究课题，发表文章4篇。

赵勇，1980年生，山东长清人，中国人民大学经济学博士。中国人民大学经济学院副教授，硕士生导师，中国人民大学国家发展与战略研究院研究员，澳大利亚昆士兰大学（The University of Queensland）访问学者。主要从事国际经济学和金融发展理论研究，在《世界经济》，《新兴市场金融与贸易》（*Emerging Markets Finance and Trade*），《能源政策》（*Energy Policy*），《中国与世界经济》（*China and World Economy*），《中国经济日报》（*China Economic Journal*）等发表论文多篇。

王慧敏，1982年生，黑龙江大庆人，英国杜伦大学（Durham University）金融学硕士。先后在德意志银行、中国工商银行就职。

总 序

两年多前，我在自己的办公室接待了中国出版集团东方出版中心副总编辑祝新刚先生以及财经编辑部主任鲁培康先生。他们从上海赶来北京向我约稿，并向我介绍了中国出版集团努力发挥国家队的使命担当，围绕中心、服务大局，建设财经产品线的战略规划。近年来，由于国企改革渐成热点，公司治理广受关注，所以他们希望我发挥自己的学术专长和资源优势，为他们组织和主编一套丛书。我听了他们的想法和思路很受触动，所以一拍即合，当即就接受了他们的约稿。

20 世纪 90 年代初，我开始致力于企业理论与公司治理问题的研究。多年来有关公司治理理论和实践的探索和研究，使我深刻体会到中国公司治理行政化的积弊根深蒂固。2014 年，在国务院国资委职业经理人研究中心举办的“经理人大讲堂”上，我做了题为“公司治理与国企发展混合所有制”的演讲，演讲结束后，国务院国资委一位官员说，中国企业家需要进行公司治理 ABC 的普及工作。他说的没有错，也曾有多次，我给企业家做报告，企业家反馈的信息是：公司治理原来是这个样子，我们原来的理解很多都错了。可见，公司治理在中国确有普及之必要，更有研究之急需。

公司治理的本质属性是契约，它要求企业必须尊重每个利益主体的法律地位和独立人格，要在充分尊重每个利益主体意见的基础上提出企业发展的战略决策，同时要使企业的每个行为主体都能够为自己的行为独立承担责任，这是契约之应有之义。然而，现实中很多中国企业，拥有话语权的只是少数特权者，而且还不用为自己的行为承担独立责任。权力和责任的不对称是中国企业公司治理的通病，也是中国畸形政商关系形成的土壤。

有鉴于此，自2007年开始，我做了三件事情，试图为促进中国公司治理的规范化发展尽自己的绵薄之力：一是从高管薪酬、信息披露、财务治理、董事会治理、企业家能力、中小投资者权益保护等六个方面，研制中国公司治理分类指数。目前已出版六类14部指数报告，从而全方位、多角度地阐述了中国公司治理的现状，以图找出中国公司治理的病症所在；二是主编“治理译丛”。这套译丛出版了四本(原计划五本)，均是国外著名出版社的最新公司治理著作，所选书目以学术著作为主，兼及实务性著作。我们力求通过这套译丛的出版，为中国企业的公司治理规范化提供资料和借鉴；三是出版《公司治理学》，试图能够为大学开设公司治理课程提供支持。目前，开设公司治理课程的大学越来越多，这表明，中国公司治理规范化的教材得到了越来越多高校认同。

我现在所做的是第四件事，也是以上工作的延续和深化，这就是策划和出版这套“公司治理与国企改革研究丛书”。这是我多年来的一个夙愿，希望通过出版这套丛书，把中国学者(尤其是青年学者)最前沿的公司治理和国企改革研究成果奉献给社会，一方面扶持公司治理研究中的青年才俊；另一方面则是把脉中国国企改革中的公司治理“病症”，以利于探索和建立有中国特色的公司治理模式，因为这些研究成果均是以中国公司治理，特别是以国有企业的公司治理为研究对象的。

中国公司治理的不规范，尤其是政府介入公司治理的错位，导致中国滋生畸形的政商关系，而这种畸形的政商关系又是官商勾结和腐败的温床。改革开放以来，这种官商勾结已经达到触目惊心的程度。为什么存在如此严重的官商勾结？一个明显的且公认的原因是政府权力过大，且不受法律约束，造成公权可以随意介入和侵害私权，导致创租和寻租盛行，进而导致腐败。显然，杜绝官商勾结和腐败，必须从依法治企、压缩公权入手，而依法治企的实质是强化公司治理。

2013年11月，党的十八届三中全会通过的《中共中央关于全面深化改革若干重大问题的决定》明确提出，要“健全协调运转、有效制衡的公司法人治理结构。建立职业经理人制度，更好发挥企业家作用……建立长效激励约束机制”，由此开启了中国企业尤其是国有企业公司治理制度改革和机制创新的新局面。2014年10月，党的十八届四中全会通过的《中共中央关于全面推进依法治国若干重大问题的决定》提出“依法治国”的执政治国方针，从企业层面讲，这意味着企业改革和发展必须着眼于“依法治企”，而“依法治企”的本质就是公司治理的制度化（尤其是法治化）和规范化。2015年9月，中共中央、国务院发布《关于国有企业深化改革的指导意见》以及国务院《关于国有企业发展混合所有制的意见》，进一步强调，要“依法治企，健全公司法人治理结构。切实保护混合所有制企业各类出资人的产权权益”。无疑，国家已经把公司治理的规范化提到了国企改革的战略层面上。

本丛书即将付梓之时，正值党的十八届五中全会闭幕。五中全会报告再次强调：“发展是党执政兴国的第一要务”，而且必须“运用法治思维和法治方式推动发展”。可以说，党的十八大及十八届三中、四中、五中全会，为我国国企改革的不断推进和公司治理的深入发展奠定了理论基础。就此机会，着眼当前的国企改革与公司治理现状，我谈几个具体问题。

一、政府直接介入导致公司治理行政化

公司治理是通过建立一套制度安排（尤其是法律制度安排）或制衡机制，以契约方式来解决若干在公司中有重大利益关系的主体之间的关系，其实质是各利益相关者之间的权利安排和利益分配问题。换言之，公司治理是制度范畴，尤其是法律范畴，从这个角度，政府公权力（行政权力）是不能介入公司治理的。但是，政府作为制度尤其是法律的制定者，又是可以介入公司治理的。此时，政府是作为财产保护者而存在的，即政府要为企业发展提供规范、秩序和公平，其相应的收益是税收。对于国有企业，政府还作为国有财产所有者的代表而介入公司治理。此时，政府是作为投资者（国有股东）而存在，它要通过监督（法律监督和经济监督）获取最大化投资收益。但是，不管政府是作为法律的制定者，还是作为国有企业财产的所

有者(代表),政府的行为都限定在公司治理制度的框架内,而不是以自己掌握的行政权力介入。

然而,政府介入公司治理的方式却经常错位。现实中经常发生这样的情况,一方面,如果政府是股东,尤其是大股东的情况下(国有控股企业),则政府不仅派出代理人,而且必须让自己的代理人担任董事长,还可以越过董事会直接派人担任公司的总经理、副总经理、总经济师等高管人员。无疑,这是政府行政权力介入公司治理。当然,对于派出的高管人员,可能通过了董事会,但其实通过董事会仅仅是走形式,实质上董事会是被架空的。在很多情况下,尤其是在中央企业和地方重点国有企业中,政府派出的高管人员很多都具有行政级别,最高行政级别可达副部甚至正部级别。在政府公开招聘的国有企业高管中,即使没有赋予其行政级别,他们的行政色彩也是客观存在的。从国务院国资委多次全球公开招聘副总经理等高管情况看,由于招聘企业中并非只有国有独资企业,还有股份有限公司和有限责任公司,这类企业的高管聘用,按照公司法,无疑只能由董事会负责独立选聘,国家作为非单一股东,是无权单独招聘的。在政府直接任命或聘用的情况下,高管出现问题的概率不仅高,而且将无人对此负责。像中石化的陈同海、中石油的蒋洁敏、中国一汽的徐建一、东风汽车公司的朱福寿等,由于聘任他们的主体实际上是国资委或上级组织部门,而不仅仅是走形式的董事会,因此董事会是不可能对此负责的,而任命他们的国资委或上级组织部门由于是一个个集体组织,也无人对此负责,集体负责等于无人负责。

另一方面,如果政府不是股东,则政府通过设租,让公司治理服从于自己的意志,而企业(主要是民营企业)也乐于(或者无奈)通过寻租,寻求政府的支持,这使企业发展会因政府政策或领导人的变化而起伏,甚至走向不归路,同时也加大了投资者的投资风险。在民营企业中,寻求具有政府背景的人员担任公司高管具有相当的普遍性,这反映了中国企业与政府难以割舍的关系,聘请人大代表、政协委员,或聘请离退休的前任政府官员进入企业,是很多民营企业的追求。例如,在2013年度上市公司中,有31.84%的企业曾有政府官员到访(企业对此视为荣耀而大力宣传),有

12.08%的CEO曾在政府部门任职，有9.77%的CEO为各级人大代表，有6.93%的CEO为各级政协委员。如果统计的对象是董事长，则曾在政府任职、担任人大代表和政协委员的比例将会更高。另外，同一企业还经常有多位政府背景的高管。如“七匹狼”，其高管中有政府背景的比例高达40%。

二、公司治理行政化导致畸形政商关系

公司治理行政化，是对法律的背离。公司治理的核心问题是股东大会、董事会和经理班子(执行层)的关系。三者是什么关系？对此各国公司法都有明确的规定，且所有国家的公司法在这方面几乎没有什么差别。公司法的规定是：股东大会选举产生董事会，董事会选聘总经理(CEO)。很显然，股东(大会)、董事会和经理班子相互之间不是一个纵向的等级关系(只有在经理班子领导的生产和经营系统，才是一个纵向的行政管理系统)，而是一组授权关系。每一方的权力和责任都受到法规的保护和约束，也就是说各方都有相对独立的权力运用空间和对应的责任，任何一方都不能越过边界、违反程序、滥用权力。如果股东大会和董事会被“架空”或“虚置”，则会出现股东对董事会，以及董事会对总经理监督上的“真空”。

仅就董事会和总经理的关系来说，他们代表的是不同的主体。董事会(包括董事长)作为股东的代理人，代表的是股东利益(现在已演变为以股东为核心的众多利益相关者的代表，独立董事作为“中立者”，就是代表这些不同的利益相关者的利益的)；而总经理作为从市场上选聘来的职业经理人，代表的是个人利益，他通过与董事会的契约关系获得授权。董事会是会议体制，董事会成员代表不同的利益主体，在董事会中，每个成员是平等的，没有身份高低之分，他们通过契约联系在一起，董事会的决策通过讨价还价而形成，包括董事长在内的任何人都没有凌驾于其他人之上的权力，所不同的只是投票权多少的不同(其实在美英习惯法系发达国家里，由于公司董事会的构成发生了很大变化，绝大部分都是独立董事，这种投票

权的差异正在大大缩小)，而董事长则不过是董事会的召集人，并没有高于他人的权力。基于董事会和总经理的这种差异，为了保证公司决策的科学性和高效性，并形成相互制衡的机制，董事长与总经理两个职务应该是分开的。

当然，在公司实际运作中，董事长和总经理是否分开可视具体情况而定，一般情况下取决于公司的规模，以及资本市场(尤其是控制权市场)和职业经理人的发育程度。当公司规模较小时，两职合一可以提高决策效率。当资本市场和职业经理人发育成熟时，来自这两个市场的强大的约束力量足以让同时担任董事长职务的总经理实现自我约束。但是，即使两职是合一的，在行使职权时也必须明确当时所处的角色，这样可以保证董事会和经理层两个权力主体的协调和相互制衡。当公司规模较大时，董事长和总经理则必须分开，因为此时二者代表的是更大的群体，二者合一会加大彼此的冲突。当资本市场和职业经理人发育不成熟时，由于来自这两个市场对经理人的约束力量偏弱，同时担任董事长的总经理的权力就会被放大，或者说，总经理侵害股东等利益相关者利益的可能性就会加大。因此，此时两个职务也必须分开。总之，无论董事长与总经理的职位是否分开，董事长与总经理的职权都要分开，应各负其责。董事长和总经理不相互兼任的原则，体现着公司的权责明确以及公司决策的科学性和效率性。

那么，公司治理是如何演化为行政治理的？这与对公司治理的错误认识有关，恐怕还存在着故意认知错误。行政治理实际上是沿用政府权力机构的“一把手”观念来治理公司，“一把手”被视作公司治理的核心，而董事长经常被作为“一把手”的不二人选，总经理则是董事长属下的“二把手”，甚至干脆由董事长直接兼任总经理，即使不兼任，总经理的目标也是“升任”董事长。这种“一把手”观念使得规范的公司治理变得扭曲，甚至成为董事长和总经理之间矛盾的根源。本来，独立董事是可以在一定程度上化解这种矛盾的，然而，由于独立董事缺乏资本市场的支撑，在客观上和主观上都难以做到独立。加之独立董事人数太少，公司设立独立董事只满足于证监会的 1/3 的要求(2014 年，全部上市公司独立董事比例平均只有 36.79%)，这更进一步加剧了独立董事的非独立性。加之，在国有企业(包括国有控股企业）中，董事长这个"一把手"又是政府任命的，因此，公司治理的行政化也就在所难免了。即使是在民营企业中，董事长"一人独大"也同样充斥着行政色彩，尽管这种行政色彩和政府的行政权力介入有一定的区别，但在"权力"行使上并没有根本性区别，公司治理本应具有的契约属性基本上不复存在。

近些年接连发生的公司腐败（如窝案）以及其中的官商勾结，在很大程度上其实就是董事会（董事长）和经理层（总经理）两个角色混同，以及企业负责人任免掌握在政府手中或与政府官员有瓜葛的必然结果，是畸形政商关系的具体表现。在这种畸形的关系中，本来的监督和授权关系变成了利益共同体关系。从这些腐败案中，我们不难发现，或者总经理和董事长合二为一，权力过大；或者在董事会中，经理层占据多数席位，而董事长也自认为是职业经理人。在这种情况下，董事长显然就不再是股东的代理人，而是演变为典型的追求自身利益的经理人。对政府，他们寻求租金；对投资者，他们制造信息不对称，侵害股东利益。尽管国企高管被政府作为"干部"来管理和监督，但由于信息不对称，内部人控制和企业资产流失仍普遍存在。

三、消除公司治理行政化，强化公司治理规范化

如何减少畸形的政商关系导致的官商勾结和高管腐败？高管腐败曝光后，人们往往归因于高管的贪婪和无耻。无疑，高管的贪婪是官商勾结和腐败的推动力。但事实上，个体的贪婪不是官商勾结和腐败的根本原因，真正引起官商勾结和腐败的原因是公司治理制度的缺陷，更进一步说，就是公司治理的官僚化或行政化。个体的贪婪只是经济人的本性，在面对丰厚利益时，贪婪永远是理性经济人的最优选择。真正使这些经济人偏离正轨、铤而走险的，是人们对预期非法利益与惩戒风险的权衡，而这种权衡最终取决于公司治理制度的完善与否。因此，要从根本上杜绝官商勾结和

腐败，最关键的是要完善公司治理制度，首先需要分清何者是治理主体，何者是治理客体。股东大会和董事会毫无疑问是治理主体，经理层则是治理客体，二者绝不能混同。其次要提高官商勾结和腐败行为被发现的概率，加大对官商勾结和腐败的惩罚力度，而这一点又是以治理主体和治理客体的区分作为前提的。

在市场化的企业中，对企业负责人的基本监督体制是法律监督和市场监督。法律监督的核心是强化公司治理，实现依法治企；市场监督的核心是健全市场体系，促进自我约束，而市场监督也是建立在法律基础上的。

以国企发展混合所有制为例。国企负责人可以分为政府董事（外部非独立董事）、独立董事、高管董事和非董事的高管。他们的来源不同，监督机制应有所不同。由于政府董事、独立董事、高管董事都是董事会成员，因此均应接受股东的监督和市场约束；对于高管董事和非董事的高管，则必须接受董事会的监督和市场约束。从规范的公司治理角度，必须强化以下制度和机制建设：

第一，要调动所有股东监督的积极性，以形成监督合力，防止大股东侵害和政府公权力介入。对此，一是实现股东权利平等，国有股东不应享有特权，对中小股东应该实行累积投票制，以保证他们参与公司决策的权利。二是大幅度降低股东行权成本，提高中小股东参与公司治理的动力。三是出台集体诉讼和索赔方面的法律，切实保护股东利益。四是实行股东满意度调查制度（类似于民调），如果董事会支持率低于80%，则应启动董事会解体程序。五是在公司控股形态上，尽可能采用国有相对控股，最终股权形态是竞争的结果。六是股东对董事要采取不同监督体制。对于政府董事，由于政府股东是代表公众的，同时考虑到公司经营的独立性，政府董事应设置为外部非执行董事（外部非独立董事），并借鉴公务员监督方式对政府董事进行监督；对于独立董事和高管董事，要通过对这些董事的市场（经理人市场）选择，以及满意度和惩罚等机制来实施强约束。

第二，要强化董事会对经营者的监督，并健全董事自我约束机制。对此，必须把董事会和经营层的职能区分开来，这有利于避免国有股东和政府干预企业经营问题。董事会中必须有较多独立董事，应不少于50%，否则独立董事难以发挥作用。独立董事必须是高度专业化的，而高度专业化的独立董事又来自高度职业化的经理人市场。要根据公司法，实行董事会独立选聘总经理(CEO)机制，并通过董事会备忘录制度使每个董事承担选错总经理的责任。

第三，应在厘清董事会职能的前提下，高度重视企业家的独立性和能动性，并建立企业家自我约束机制。高管董事和其他高管应来自经理人市场，应明确企业的企业家不应是董事长，而是总经理。董事会(包括董事长)负责监督，但监督不是干预，要充分发挥总经理的能动性，为此必须给予其独立性，包括赋予独立权力和独立承担责任，以实现企业家的自我约束。市场化选择是高能力企业家(总经理)产生的重要机制。高能力企业家有两个要素：一是能力，二是忠诚。这样的企业家是在激烈的市场竞争中涌现出来的，靠政府的"独具慧眼"是选不出来的，也是不合法的。必须建立职业化的经理人市场，市场的惩戒机制能够对现任经理人产生强激励和强约束，从而造就和涌现更多的高能力企业家。市场选聘的总经理不再具有行政级别，成功的民营企业家也可以做国有控股的混合所有制企业的总经理。要以贡献(企业价值或股东回报)来对企业家进行考核，市场选择和淘汰是重要的考核机制。

第四，要"分层"确定负责人激励方式，以实现国企负责人的自我约束。对于政府董事(外部非独立董事)，应实行"公务员基准＋贡献＋行政级别"的激励机制，薪酬待遇可以略高于同级公务员的薪酬待遇；对于独立董事，应采用国际通行做法，即车马费加少部分津贴，应通过经理人市场，建立独立董事声誉机制，强调薪酬机制是不利于独立董事的独立的。对于高管董事和非董事的高管，应实行市场化薪酬，但前提是由董事会独立从经理人市场选聘。在经理人市场上，高能力的企业家应有高价格，这是建立企业家自我约束机制的重要方面。

第五，严格信息公开。充分的信息披露对于防止代理人的违规行为(如内部人控制、国资和民资流失、内幕交易等)，以及形成企业家的均衡价格，都具有重要意义。因此，应确保及时准确地披露公司所有重要事务的信息，包括财务状况、绩效、所有权结构和公司治理。不能只满足强制性信息披露，更要高度重视自愿性信息披露，这在中国尤为重要，根据笔者在《中国上市公司自愿性信息披露指数报告2014》中提供的数据，中国的自愿性信息披露对于投资者理性投资的需求具有很高的信息含量。

总之，要依法治企，消除公司治理行政化，实现公司治理规范化，建立企业各行为主体的外部监督与自我约束有机契合的机制，要使每个行为主体能够对自己的行为独立承担责任，这是防止官商勾结和腐败的重要制度保障。

最后，非常感谢东方出版中心的鼎力支持，感谢祝新刚先生和鲁培康先生，他们是这套丛书的积极推动者。希望在中国出版集团以及东方出版中心的支持下，使这套丛书能够延续下去，成为公司治理和国企改革研究的品牌产品。

2015年10月29日

目 录

序言：大股东控制与公司治理

剧锦文

无论是学术研究还是企业实践都充分证明大股东对公司治理有着显著影响。尽管分散的股权结构是英美法系国家的显著特征，但大股东的普遍存在性早已经引起各国学术界的高度关注。

早在20世纪30年代初，美国学者伯利和米恩斯（Berle & Means，1932）首先提出大股东控制的“金字塔结构”（Pyramidal Structure）。此后，美国学者拉伯塔等（La Porta et al.，1999）通过追溯公司最终控制人的方法，将大股东控制结构界定为处于最下游的上市公司具有一个终极所有者，至少有一个上市公司存在于下游上市公司与其终极所有者之间的以20%或10%投票权为基准的控制权链条中。在很多情况下，大股东控制正是通过这些间接所有权实现的。拉伯塔等（La Porta et al.）在对27个发达经济体的样本数据进行深入分析之后得出结论，除非在股东权利保护非常好的国家，否则，只有相对较少的企业其股权被广泛持有，这同伯利和米恩斯（Berle & Means，1932）对现代公司股权结构的看法恰好相反；家族是最主要的终极控制人类型，即最主要的大股东，其次是国家；大股东控制的关键在于控制链条的多层级。随后，克莱森斯（Claessens，2000）等对东亚国家的公司以及法乔和郎咸平（Faccio & Lang，2002）对西欧国家的公司的分析都表明大股东控制控股的普遍存在。国内学者刘芍佳等（2003）首次运用“终极控制人”追溯的方法，研究了中国上市公司的状况，发现中国75.6%的上市公司由国家通过大股东控制方式实施间接控制；法恩（Fan，2005）等的研究指出，在经济转型的中国，上市公司被终极控制人以大股东控制方式控制十分普遍。可见,无论国内还是国外,大股东控制结构是一种普遍存在的现象。

大股东对公司治理的影响是学术界关注的另一方面。已有研究表明,大股东的公司治理效应主要体现在两个方面。一方面,由于大股东更关注公司的绩效,他们有动机去搜集信息并监督管理层,主动行使股东的共益权,因而减少了股东"搭便车"的行为,部分地解决了代理问题,降低了所谓的"第一类代理成本",提高了控制权的共有收益。正如马歇尔(Marshall,1890)所指出的:"少数大股东,往往竭力要知道工作的情况;因而就能对企业的一般经营管理加以有效和明智的控制";由于他们有足够的投票控制权对管理层施加压力,或甚至通过代理权争夺或接管来替换管理层,其利益得到尊重(施莱佛和维什尼,1995)。这种行为也被埃里克·弗里德曼、西蒙·约翰逊和托德·米尔顿(Eric Friedman, Simon Johnson & Todd Mitton, 2003)称为大股东对公司的"支持"(propping)。但与此同时,如果股权过度集中,大股东又会利用其控制权为自己牟利,不惜牺牲小股东乃至债权人等其他利益相关者的利益,从而形成所谓的"控制权私人收益"和"第二类代理成本"。这同时也被埃里克·弗里德曼、西蒙·约翰逊和托德·米尔顿(Eric Friedman, Simon Johnson & Todd Mitton, 2003)称为大股东对公司的"掏空",或称"隧道"效应(Tunneling)。

具体而言,大股东的"掠夺"行为包括:

一是"隧道挖掘"(Tunneling),也有人翻译为"掏空"、"利益输送",是约翰逊、拉伯塔、洛佩斯德赛兰斯和施莱佛(Johnson, La Porta, Lopez-de-Silanes & Shleifer, 2000)提出的一个概念,其主要含义是公司的控制性股东为了自身的利益将公司的财产和利润转移出去的各种合法或非法的行为。"隧道挖掘"有多种表现形式,以较低的价格将上市公司的资产出售给控股股东(或经理)、拥有较高现金收益权的公司、向经理人员(控股股东在其控制的企业中往往同时担任经理)支付较高的薪水、为控股股东(或经理)拥有较高现金收益权的企业提供贷款担保、侵占公司的发展机会,乃至最为直接的偷盗等。约翰逊等(Johnson et al., 2000)同时证明,控股股东猖狂的掏空行为是导致1997～1998年亚洲金融危机的主要原因;莫克等(Morck et al.，2000)则验证了大股东的“隧道挖掘”行为会降低资本市场资源配置效率，“隧道挖掘”可能降低整个经济的透明度以及歪曲会计收益数字，通过增加信息不对称的程度，从而更难对公司的财务状况进行评价。国内学者的研究可参见第2章。

二是过度投资。所谓“过度投资”是指公司的决策者接受对公司价值而言并非最优的投资方案，从而降低资金配置效率的一种低效率投资决策行为。大股东之所以选择这样的行为原因在于，这可以使大股东控制更多的资产并从中获得私人利益。

三是资金占用。伯特兰德等(Bertrand et al.，2002)通过设立一个外部市场冲击模型，并将这套方法运用到印度公司的面板数据分析上，实证检验了大股东终极控制人倾向于将资金从低现金流企业向高现金流企业转移。同时实证表明，25%以上的边际利润在低现金流公司似乎消失了。虽然在大股东控制的股权结构下，控股股东通过“隧道挖掘”或者“过度投资”等方式加强了对中小股东的利益侵占。

近来的一些研究也表明，大股东控制的股权结构对于很多发展中国家来说并不是有百害而无一利。当投资者是理性的时候，理性的投资者会预期到控制人的侵占行为，并相应调整他们原为公司股权付出的价格，这将完全消除大股东终极控制人内部交易的收益并倾向于选择水平型股权结构。实证数据显示，投资者往往是短视的，并低估“隧道效应”的程度。然而，当大股东控制结构不但包括“隧道挖掘”还包括“支撑”时，家族控制人倾向于选择大股东控制结构。理性的投资者愿承担一定程度的侵占，以保证公司在经济萧条时免于破产。莫克等(Morck et al.，2005)指出，公司内部保险的收益是大股东控制结构出现的原因。

概括地讲，控股大股东的支持行为及其治理效应主要包括：

一是外部市场替代。目前，一些学者基于市场实效、市场不完全理论得出的结论是，在新兴经济体中，具有大股东控制特点的集团公司能够对市场不完善起到弥补和替代的作用。由于绝大多数新兴经济体市场发育的时间较短，而且与市场交易相关的制度特别是法律制度仍然处于发展阶段，这种外部市场经济制度的不完善导致市场无效或者市场交易费用过高。在缺乏有效的外部市场的制度背景下，公司被迫寻找其他降低交易成本的治理机制以交换相关产品和生产要素。大股东控制结构可以作为外部低效运行的金融市场的替代。具有大股东控制特点的公司通过公司内部计划和协调机制来协调各部门间的交易活动，降低其交易成本，从而实现对外部市场的替代。

二是支持行为。控制性股东不仅会实施“隧道挖掘”侵占公司利益，在公司处于财务困境的时候，还会调动整个集团甚至私人的资源支持公司渡过难关。在这种情况下，中小股东获益，有助于公司价值的提高。但是，研究者们也同时强调控制性股东对上市公司是进行“隧道挖掘”还是提供“支撑”，与宏观经济环境特别是上市公司所处的行业环境、上市公司的发展阶段、上市公司财务困境的严重程度有关，只有提供“支撑”的成本小于预期“隧道挖掘”的收益时，控股股东才会对上市公司提供支持。就我国的情况而言，上市公司具有中国特色的“壳”价值。当上市公司遇到财务困境时，集团公司为了保住上市公司这个“壳”，会为上市公司提供支持，进行反向的利益输送（王蓓、郑建明，2010）。当然，这种“支撑”行为更多的是因为控制性股东希望能够幸存下来，以保留未来实施“隧道挖掘”的机会。李增泉（2005）考察了控股股东的支持和掏空行为对上市公司长期绩效的影响，结果表明，当公司具有配股或避亏动机时进行的并购活动能够在短期内显著实现支持效应，而无配股资格之忧时进行的并购活动目的在于掏空资产，会损害公司价值。

三是外部法律弥补。拉伯塔等（La Porta et al.，2000）认为，选择集中大股东控制股权结构的公司通常是法律制度较不完善的国家，因为法律制度越不完善，法律实施的程度越不普及，对投资者的保护就越差。因此，企业会产生一种集中的动力或激励以实施自我保护。约翰逊等（Johnson et al.，2000）分析了大股东控制结构在英国和美国相对较少的原因在于，这些国家在法律层面上对关联方交易的限制。当关联交易难以实施时，大股东控制结构对终极控制人的吸引力逐渐消失。在投资者法律保护水平低的国家，控制性股东的“隧道挖掘”行为会更严重，造成公司折价，这似乎与发展中国家大股东控制控股企业溢价的经验数据相矛盾。然而发展中国家的市场化程度相对较低，法制环境不完善，造成对投资者保护的不力，其实体经济环境也会受到很大影响，同时，商法对于企业及企业家的保护也相对较弱。家族企业集团控股股东的存在，是对不完善的商业法制环境的适应。而且，在这种环境下，家族通过大股东控制股权结构能够凭借在产品市场建立起的以关系和声誉为基础的非市场化交易机制，来弥补商业法制的不完善并规避风险，提高企业的经营绩效。

大股东控制及其治理效应的确是一个引人入胜的题目，尤其像中国大股东控制现象特别显著，目前已经吸引了大量研究者潜心于此。

在攻读博士期间，刘立煌深入研究了大股东控制理论，并结合中国上市公司的实际，于 2013 年写出了《金字塔控股结构对公司价值及绩效稳定性的影响》的博士论文，而今在其他作者的配合下就要正式出版了。综观全书，至少有以下几点值得肯定：

第一，利用大股东控制理论分析中国的上市公司。尽管已有一些学者研究了中国上市公司的大股东控制问题，但多数人主要集中于大股东对公司的掏空，而该书不仅研究我国上市公司大股东的掏空，也研究了大股东的支持，从而对中国公司大股东的行为能有一个更全面的认识。

第二，通过建立模型综合分析了金字塔结构下，大股东掏空或支持上市公司的收益与成本，从理论上系统地解释了实际控制人掏空或支持上市公司的动机与条件。

第三，针对金融危机这一事件，结合中国 A 股金属类上市公司的分布特点，并依据对国有企业的深入理解，从实践角度解释了央企所属上市公司在行业冲击来临时所体现出来的支持效应。此外，该书还以中国五矿集团公司为案例进行佐证性研究。显然，这些研究充分体现了中国特色，也对大股东控制理论作出了一定贡献。

（作者系中国社会科学院经济研究所研究员、博士生导师）

第1章　研究金字塔控股结构的原因、思路和意义

1.1　研究金字塔控股结构的由来

本书将研究主题界定为金字塔控股结构与公司价值、公司绩效的关系。该问题既由于金字塔结构具有的所有权(现金流权)和控制权(投票权)的不对等或者说分离而成为当前公司治理领域一个热点的学术话题，也由于实践中时常出现的“隧道挖掘”等而成为具有现实意义的重要课题。下面将从三个层次解释选择金字塔控股结构作为主要研究领域的原因。

1.1.1　普遍存在的金字塔控股结构

作为大型企业集团的重要组织架构模式之一，金字塔结构(Pyramidal Structure)早已在世界各国普遍存在。随着公司规模的扩大尤其是企业集团的发展，学术界对此问题的关注度也在日益提高。金字塔控股结构的研究与企业集团理论的研究有很强的关联，而对企业集团问题的关注则与实践中企业集团组织模式的崛起紧密相关，比如欧美等国长期并且普遍存在的跨国公司，比如20世纪70年代末期，日本和韩国综合商社等大型企业集团在全球经济中的良好表现，再比如东南亚国家普遍存在的家族控股集团以及我国结构庞大的中央企业。公司治理领域对金字塔结构的系统研究，整体可能要滞后于实践发展的进程。关于此方面的研究，较早可见于伯利和米恩斯(Berle &

Means, 1976)①讨论公司控制演化的文章,将“金字塔式控制股权”作为通过法律手段实现对公司控制的重要途径,而且提出“通过金字塔控制,处于金字塔结构最上端的企业控股者可以像一个完全所有者那样,拥有对所有资产几乎完全的控制权,尽管其所拥有的股份额可能不到总数的百分之一”。1999 年,拉伯塔、洛佩斯德赛兰斯和施莱佛(La Porta, Lopez-De-Silanes & Shleifer, LLS)通过追诉终极控制股东②(Ultra Controlling Shareholder)的方法,对全球 27 个国家和地区最大的前 20 家上市公司的所有权架构进行了系统研究,将所研究上市公司整体分为广泛持股公司和拥有终极控制股东的公司,并对金字塔控股结构做了如下定义:(1) 该公司拥有终极所有人,通过层层追诉的方式获得;(2) 至少有一家上市公司介于终极所有人和所研究的上市公司之间,而且整条控制链的各个环节投票权不得低于 20%(为了研究方便也用 10%作为另一个界定标准)。研究发现,在 20%的最低控制链界定下,所有样本公司中 25.75%的公司采用金字塔结构实现对上市公司的控制。其中,在比利时这一比例达 79%,在德国、中国香港、新加坡、奥地利、葡萄牙等国家和地区采取金字塔结构的公司比例超过 40%。

自此,对终极控制人的追溯研究日益兴起,金字塔控股结构作为一种普遍存在也得到了实证检验,如越来越多的学者采用追溯最终控制人的方法验证了欧美、东亚(如日韩)等国家和地区金字塔股权结构的普遍存在。对国内实证研究而言,刘芍佳等(2003)运用“终极控制人”追溯的方法,研究了中国上市公司控股结构状况,并根据产权—控制—绩效的逻辑假设,对金字塔结构与公司绩效的关系作出了实证检验。其中发现,无论终极控制人是在国有企业还是民营企业,我国上市公司中金字塔控股结构广泛存在。之后国内学者的观察也证明了中国上市公司普遍通过金字塔控股方

① 李维安,张俊喜. 公司治理前沿(经典篇)[M]. 北京:中国财政经济出版社,2003。

② La Porta 等人提出,对一个公司是否拥有终极控制股东的评判标准依赖于投票权,而非现金流权。具体而言,应看该公司是否存在这样一个股东,他直接或间接拥有的上市公司投票权超过该公司总投票权的 20%或 10%。不存在这样股东的公司,成为广泛持股公司(Widely-held Corporation)。

式实施间接控制，并且在中国金字塔结构存在的普遍性更高，而且控制权集中程度和控制权、所有权分离程度相对更高，也就是金字塔结构特征更加明显。因此，金字塔结构作为一个客观普遍的存在，已是国内公司治理领域一个无法回避的重要现实问题。

1.1.2　所有权和控制权不对等引发的代理问题

代理问题是公司治理研究的基本内容。詹森与麦克林(Jansen & Mclean)在 1976 年首次明确了代理成本定义，将其界定为委托人(投资者)的监督支出与代理人(管理者)的担保支出以及剩余损失的总和。也就是：(1) 委托人的监督成本。即委托人为了约束代理人的越轨活动而支付的监督成本，这也是最常见的代理成本之一。(2) 代理人的管束成本。即在某些情况下，为确保代理人不采取某种危及委托人的行动，或代理人采取这样的行动时保证委托人能得到补偿，由代理人支付一笔保证费用。(3) 公司剩余的损失。即由于代理人的决策与委托人福利最大化的决策之间的偏差而使得委托人的福利遭受的货币损失。(4) 订约成本。剧锦文(2006)从公司治理是具体的委托—代理关系或契约的角度，将代理成本定义为因代理人出于自身利益的考虑而对委托人财富的占有或侵害。除了在股东和经理层之间第一类代理成本外，学者们发现投资者(委托人)之间利益冲突也会产生代理成本，称为第二类代理成本。在此基础上，剧锦文(2007)进一步提出由于债务契约的不完全性和实施过程中的信息不对称、不完全会造成的巨大交易成本，事实上债权债务关系也会引发代理成本。关于债权人导致的代理成本问题，有研究者将其定义为第三类代理成本，而无论是第一类还是第二类、第三类代理成本，其产生均源自于债权、所有权、控制权、经营权之间的分离和不对等而导致的公司剩余的损失。

金字塔结构具有典型的所有权和控制权不对等的特点。根据上述定义，金字塔结构导致的所有权与控制权分离的问题应该归于第二类代理成本之列，因为金字塔控股结构带来的所有权和控制权分离的问题，最终的结果依然体现于终极控股股东与中小股东的对立。但与一般意义上的第二类代理成本的定义不同的是,大股东与小股东的对立不仅源自于其拥有的控制权的差异,而且由于金字塔结构的控股结构体系,使得大股东的控制权明显大于实际付出的现金流权,从而使大股东和小股东之间对于控制权的分离愈发明显。从理论上讲,只要控股层次足够大,处于金字塔持股顶端的股东可以在足够小的所有权比例下,实质控制处于金字塔底层的上市公司,而由于交叉持股、多层持股等问题的出现,使得金字塔控股结构形态更加复杂、形式也更加隐蔽、控制方式也更加多元。

以上可见,金字塔结构具有两权分离的典型特征,而且对实际控制人而言,可以较少的现金流权实现对上市公司的控制,对大股东而言无疑是深具“魅力”和吸引力的,而此种股权结构对上市公司价值的影响,以及对中小股东利益的潜在侵害,必然决定了其在公司治理领域的研究价值,也成为当前学术界讨论中小股东利益保护的重要课题。

1.1.3 金字塔控股结构的多元效应

通过现实观察我们可以发现,近年来证券市场上通过不合理的资产定价转移、虚假的财务报表信息,以及过度的融资安排等掏空上市公司的行为广泛存在。其中,利用金字塔结构开展上述违规操作是一种常见的做法。很多学者也明确指出,通过将上市公司资产低价转移至实际控制人拥有更高现金流权的公司,或者依托控制链上的上市公司开展过度投资行为是实际控制人通过金字塔结构获取自身利益最大化的重要途径。

金字塔控股结构对公司价值有何影响?国内外学者围绕于此做了大量的实证研究。拉伯塔等(La Porta et al., 1999, 2002)基于控股股东自利动机,验证了控股股东对金字塔结构控制上市公司存在“激励效应”和“侵占效应”,两种效应均与金字塔控股结构两权分离的典型特点紧密相关。金字塔结构对企业绩效或企业价值的影响成为金字塔结构研究的热点话题,国内外诸多公司治理学者如克林森斯等(Claessens et al., 2002),

王鹏、周黎安(2006),陈晓红、尹哲和吴旭雷(2007),谷祺(2006)等也就金字塔结构效应做了实证检验。

金字塔结构对公司价值或绩效存在关联,而实际控制人采取何种方式施加影响?这就涉及金字塔控股结构对公司价值或绩效的影响机制问题,国内外学者也从不同角度进行了解释或验证,并提出了相关的概念和理论。

与企业价值负相关的概念有"隧道挖掘"(Johnson et al., 2000),其主要含义是指能够控制公司的股东为了自身的利益将公司的财产和利润转移出去的行为。"过度投资"(王蓓、郑建明等,2010),主要含义是金字塔结构的终极控股股东,为了实现个人目的,可能导致过度投资。"资金占用",即控股股东占用上市公司资金以实现个人利益最大化(王鹏、周黎安2006;李增泉等,2004)。

与企业价值正相关的概念有"内部市场替代效应",即金字塔控股结构作为企业集团的一种组织方式,可以作为市场不完善的替代,弥补制度缺陷造成的市场"空缺"(Khanna et al., 1997),或降低企业间经济交换的交易成本,从而实现对外部市场的替代(Khanna et al., 2001;吕源、姚俊、蓝海林,2005)。控股股东"反向支撑",即控制性股东不仅会实施"隧道挖掘"侵占公司利益、掏空上市公司,而在公司处于财务困境比如濒临破产时,还会向上市公司输入资源,通过调动其所掌握的整个集团资源甚至私人的资源为公司提供支持和帮助。国内学者也提出终极控股股东可能会为上市公司进行反向的利益输送,以保护上市公司避免退市,保留其独特的"壳价值"(王蓓、郑建明,2010)。"外部法律弥补机制",早期研究中,国外知名学者已意识到市场化程度和法制完备度与金字塔结构的关系(La Porta et al., 2000; Johnson et al., 2000),部分学者提出金字塔股权结构能够通过在产品市场建立起的以关系和声誉为基础的非市场化交易机制,来弥补商业法制的不完善并规避风险,提高企业的经营绩效。

国内外学者已对金字塔结构对层级公司的价值、绩效以及具体的影响机制做了研究和探讨,并已取得了一定的理论研究成果,而全面系统地研究终极控制人侵占或支持上市公司行为的理论模型还相对较少,尤其结合我国上市公司普遍存在的金字塔结构现状，有必要在理论和实践层面对该问题做深一步的探讨。

1.2 金字塔控股结构研究的三个基本问题

从公司治理领域学者的研究理论和方法来看，对于金字塔结构的研究主要聚焦于以下几个问题，金字塔控股结构是否广泛存在？即存在性问题。金字塔结构特征（如两权分离度、终极控制人的性质、金字塔结构层级等）对企业价值、绩效有何影响？金字塔结构对企业价值、绩效影响的具体作用机制和途径是什么？即作用机制问题。对于第一个问题，国内外学者基于相对一致的概念界定，以及广泛的样本采集，基本得出相同的结论，即金字塔控股结构是广泛存在的。对于第二个问题，国内外学者研究基本认为金字塔控股结构特征对于企业价值或绩效会存在一定的影响，但多数学者的研究，主要从金字塔控股结构部分特征变量出发研究该问题，如有的文章专门研究终极控制人与公司价值的影响，有的文章关注控制链条层级与公司绩效的关系等。目前极少有学者从金字塔控股结构整体特征角度出发，进一步明确界定金字塔控股结构特征变量的外延，全面阐释金字塔结构特征变量与公司价值或绩效的关系。因此，有必要在前人实证研究的基础上，将金字塔控股结构特征变量做一系统的归纳，进一步增强对金字塔控股结构问题研究的全面性和规范性。对于第三个问题，国内外学者对金字塔控股结构效应的作用机制进行了较为广泛的探索，提出了诸多概念和理论假设，并提出了作用机制的部分假设（如资金占用、过度投资等类指标）验证了金字塔控股结构作用机制的存在。根据作者个人理解，金字塔控股结构对企业价值的影响确实存在，而且既有负面的掏空或“隧道挖掘”现象，也存在对上市公司价值有利的“正向支撑”行为。但关于具体掏空或支持上市公司的行为，往往是私下开展，甚至是违规操作的，因此对这些行为很难系统的科学界定，更加难以用可获取变量来科学界定和实证检验，导致了在现有的实证研究中，或者将正向和反向的作用直接和公司价值与绩效挂钩,综合分析金字塔结构与公司价值或绩效的影响(间接验证,即本段落中提出的第二个问题),或者部分学者另辟蹊径,选取某一角度来对金字塔结构作用机制加以衡量和检验(即部分验证)。在上述三个问题的研究中,部分金字塔结构的特征变量并没有现成的数据库支持,在实证研究中会遇到大量的数据搜集工作,也进一步导致了实证研究的难度。

因此,在实证研究领域,无论从理论模型设定(规范性)的角度,还是从实证研究方法的角度出发,都有进一步深入研究探索的空间。结合现有研究成果,本书将有如下理论研究意义:

第一,本书将从终极控制人行为的角度出发,构建简单的理论模型,说明终极控股股东为何会对处于金字塔链条的企业进行"隧道挖掘"或"反向支撑",并进一步探讨作出"隧道挖掘"或"反向支撑"的条件是什么?以及停止"隧道挖掘"或"反向支撑"的均衡条件是什么?

第二,本书将综合国内学者的实证研究方法,从金字塔概念角度出发,科学界定金字塔结构的特征变量,并手工整理了大量金字塔结构特征数据,从而建议一个更加严谨、规范的金字塔结构特征变量体系,进一步规范和完善现有的实证研究。而通过实证检验,得出所有权、控制权、两权分离度、控制链条长度,以及终极控制人性质等金字塔结构的特点与公司价值、公司绩效稳定性的关系。

第三,本书将在研究金字塔结构与上市公司价值关系的基础上,利用2008 年开始的金融危机这一外部冲击,验证金字塔控股结构对公司经营业绩稳定性的影响。在此部分验证中,本书将借鉴运用前人研究成果,引入行业冲击的变量和概念,是对金融危机下金字塔结构与公司绩效稳定性关系的创新研究。

第四,在实证研究的结论基础上,本书将利用作者的实践工作经验,以实践来解释相关理论结果,引入实践解释和案例论证,全面揭示中国金属行业发展的现实状况,并对政策和市场等外生因素对金字塔结构发挥作用机制的影响,以及不同性质的终极控制人行为模式的不同加以分析,在我国上市公司控股结构形成原因等问题上形成初步的结论。

1.3 金字塔控股结构研究的现实意义

国内外学者研究发现,相对于英美国家股权结构相对分散的状况,中国企业金字塔结构应用更加普遍,所有权和控制权集中程度更高。本书通过对A股金属类上市公司的研究,将会为政府决策、企业发展提供一定的现实帮助。

1.3.1 有利于为证券市场监管提供参考

本书通过较为详细的数据搜集统计整理,描述了中国金属矿产类上市公司金字塔结构状况,从而为政策制定提供了一个更加坚实的现实图景。事实上,证券市场监管对经济发展的影响作用巨大,良好的资本市场对一国资本的使用效率具有重要作用。我国A股证券市场规模日渐庞大,在过去二十年中发展迅速,但同时证券监管薄弱的问题始终存在。作为中国A股市场大型企业集团最主要的组织模式——金字塔结构,对上市公司价值及绩效究竟有何影响,是否会对上市公司造成侵害,进而损害中小股东的利益,本书通过对行业内金字塔股权结构对公司价值和经营绩效的实证分析,可以为政府提高证券监管能力提供政策参考。尤其为如何维护中小股东的利益,保护广大散户的权益,具有一定的借鉴价值,也符合当前证券监管的政策导向。

1.3.2 有利于推动我国企业改革整体进程

本书会对金字塔结构不同特征对公司价值及绩效的影响得出较为扎实的实证结论。比如控制链条长短(垂直高度)对上市公司价值有何影响?两权分离程度与公司绩效有何关联?通过上述问题的回答,从上市公司角度,可以为促进公司价值或绩效最大化提供方法参考。通过现实解释,本书将提出控股结构的形成并非仅仅是终极控股股东自主选择的产物，同样受制于政策法律环境、商品市场、证券市场、经理人市场的发达程度等，将加深对上市公司控股结构的形成和演变的认识，并为政策制定者提供工作参考。

结合到我国更加广泛的企业改革实践，国有企业改革是经济体制改革的重要内容，而央企改革改制和整体上市则是国资委重要的政策导向。国有企业尤其是中央企业，往往采用金字塔控股的组织模式，而中央企业与地方国企和民企相比，金字塔结构特征与公司价值、绩效稳定性的关系存在很大的差异。通过这些差异的客观描述，可以为政府、企业集团、上市公司等各参与方提供参考。尤其是完善的内控机制、较为民主的决策机制的存在，会对实际控制人的行为构成有力的监督，从而规范上市公司实际控制人的行为。可以为国有企业尤其是中央企业改革的整体进程提供参考。

政府、企业集团和上市公司终极目的未必一致，如企业集团可能倾向于集团整体利益最大化，而非上市公司价值最大化；而上市公司自身可能追求的是自身价值最大化。实证检验结论将会为各参与方和决策者提供借鉴和支持，并成为相互博弈或合作的理论支撑。

1.3.3　有利于深化对我国上市公司控股结构现状的现实理解

无论从黑色金属(钢铁、铁矿石、铁合金等)还是有色金属(铜、铝、铅锌等)来看，我国已是全球钢铁生产第一大国和主要有色金属产量第一大国，同时也是世界最大的铁矿石、铜精矿等矿产品进口国和消费国。在金属矿产领域，当前一个重要的政策导向是推进产业重组，提高产业集中度。基本做法是以中央企业为主体整合地方国企和民营企业，这也意味着原来平行的两家企业可能会由于一方并购另一方而成为金字塔结构的不同层级，所有权结构将调整，终极控股股东的性质也将发生变化。而产业整合的贯彻和新的组织结构的形成，将进一步强化金字塔控股结构体系，并成为金字塔结构新的特征变量。通过本书的实证检验，将从金字塔结构角度为当前产业重组和整合等政策提供佐证或提出质疑，从而有利于完善或修正相关政策，进一步促进我国金属矿产行业的整体健康发展。

同时,本书也将结合对行业的深刻观察和具体案例的解析,通过我国A股金属类上市公司股权结构的形成、所受内外政策制度因素的制约,以及行业企业自身发展的演变等,为了解我国上市控股结构的形成提供有益的借鉴。

综上,本书在理论来源上继承了国内外学者的研究基础,在理论研究思路和方法上有所拓展,其实践意义在于既关注热点和普适性问题,又有较为直接的政策参考价值。从各方面来看,应对当前理论研究和现实政策有所助益和推动。

1.4 金字塔控股结构研究的主要内容和方法

1.4.1 核心问题与主要内容

本书围绕金字塔控股结构与上市公司价值、公司绩效的关系这一核心主题展开。通过实证检验、行业分析、案例分析等多种方式,以中国金属行业A股上市公司为样本,考察金字塔控股结构与中国金属行业上市公司价值和绩效的关系。本书将围绕以下四个基本问题展开:

第一,金字塔控股结构对公司价值和绩效的影响是否存在?如果存在,金字塔控股结构的不同特征分别对上市公司价值和绩效有何影响?

第二,在外部市场冲击(金融危机)下,金字塔控股结构特征对上市公司经济绩效的影响是否存在?哪些类型的上市公司具有经营绩效更加稳健的特点?

第三,国企在我国上市公司中数量众多、市值很高,以国企为最终控制人的上市公司,在金字塔结构特征与上市公司价值之间的关系与非国企控股上市公司有何不同?国企所属上市公司与非国企上市公司在面对行业冲击时,绩效表现有何不同?

第四,金字塔结构与上市公司价值和绩效的影响如果存在,行业发展和公司实际运行情况能否对其解释?既然金字塔结构与上市公司价值和绩效存在关系,为何实际控制人对上市公司不采取对自己更加有利的控股链条结构？金字塔结构的形成是企业自主选择还是政策和市场选择的产物？

围绕上述四个核心问题，全书将分为 10 章进行探讨：

第 1 章介绍选题来源、选题意义以及主要内容、创新与不足。

第 2 章分三个层次对国内外学者的研究结论做了归纳。第一是金字塔结构的概念及存在性的情况。第二个层次是金字塔结构对上市公司的折价机制和溢价机制，总结归纳了众多学者提出的比如“隧道挖掘”、过度投资、资金占用等侵占上市公司的途径，以及“反向支撑”、内部市场替代、外部法律机制弥补等提升上市公司价值的假说。第三个层次是金字塔结构与上市公司价值的概括，总结了学者们实证检验的所有权、控制权、两权分离度、控制链条长度、终极控制人性质等对公司价值的影响。

第 3 章从收益与成本综合衡量的角度，构建基础的理论模型，分析金字塔结构下终极控制人行为模式的特点，并得出实际控制人侵占或“支撑”上市公司的条件及均衡条件，得出主要理论假设。(1) 终极控制人既有侵占上市公司的动机，也有支持上市公司的动机，其行为是有条件而且相机而动的。(2) 现金流权对上市公司实际控制人而言有正向的激励效应，而两权分离度与上市公司价值或绩效呈负相关关系。(3) 外部的法律制度等以及内部的公司治理监督机制会形成对实际控制人行为的有效监督，制度越完善，掏空行为越少。

第 4 章以我国 A 股金属类上市公司为样本，以 2007～2011 年为研究期限，主要验证金字塔结构特征变量与公司价值的关系。同时将样本公司分为央企、地方国资、非国企三类进行了分类检验，得出主要结论。(1) 两权分离度对公司价值具有显著负相关关系。而企业以自然人或民营企业为实际控制人的上市公司中，两权分离度与公司价值的负相关关系更加显著，系数也更大。(2) 控制链条越长，公司价值越高。

第 5 章引入行业冲击的概念，在解释变量中引入交互项，利用金融危机及危机后经济的快速发展，验证金字塔结构与公司绩效稳定性的关系。同时将样本公司分为央企、地方国资、非国企三类进行了分类检验，得出主要结论:(1) 现金流权对上市公司的绩效会产生显著的正向影响。而在遭遇行业冲击时,现金流权高的公司会降低行业冲击的影响。(2) 相对于最终控制人为地方国企或非国企的上市公司,央企所属的上市公司面临行业冲击时绩效波动会更加剧烈。

第 6 章分别解释了金字塔结构与公司价值、公司绩效不同相关性的理论结论,以及为何实质控制人性质不同会导致金字塔结构与公司价值及绩效之间的相关性表现不同。

第 7 章以中国五矿集团公司为案例,介绍该公司旗下上市公司控股结构的基本情况以及由来演变,从而得出我国上市公司控股结构的形成不仅是自主选择的产物,还是政策选择和市场选择的产物。

第 8 章结合上述理论研究结论和现实解释,提出三个政策建议:一是加强对中小股东的权益保护。二是完善证券监管法律制度体系。三是进一步推进市场化改革进程。

第 9 章对我国金属矿产行业上市公司控制权结构进行详细的展开性描述,以数据了解和掌握我国上市公司金字塔控股结构的分布情况。

第 10 章对我国保护中小股东权益、防止实际控制人侵害的相关法律法规进行汇总分析,并在此基础上,结合本书的研究结论以及实际情况,提出相关政策建议。

在研究方法上,本书综合运用了理论模型、实证检验、案例分析和逻辑推理等多种方法,围绕金字塔控股结构与公司价值、公司绩效的关系展开系统阐述。

1.4.2 研究方法和框架

(一) 研究方法

本书运用的研究方法,主要有理论分析、实证方法、实践解释和案例分析等。

第一,从收益与成本综合衡量的角度,构建基础的理论模型,分析金字塔结构下终极控制人行为模式的特点,并得出实际控制人侵占或“支撑”上市公司的条件及均衡条件。

第二，以实证研究为基本方法，综合借鉴国内外学者研究的基本方法，通过对中国金属类上市公司的数据搜集和样本选择、变量设定以及模型建立，验证本书中提出的基本问题。

第三，引入国外学者的外部冲击模型，将之运用到中国金属类上市公司中，在此基础上，通过解释变量的拓展，更加全面、系统地解释金字塔结构与绩效稳定性的关系。

第四，根据对现实的观察和行业的理解，对上述实证结论提出现实的理论解释。围绕金字塔结构与公司价值和绩效的关系，阐释实证结论发生的现实原因。

第五，结合对中国五矿集团公司这一案例公司的深入了解，解析样本公司发展演变的历史进程，从而加深对中国金属类上市公司控股链条形成的现实理解，从现实角度解释金字塔结构的形成机理。

（二）研究框架

本书基本研究思路和框架如下：

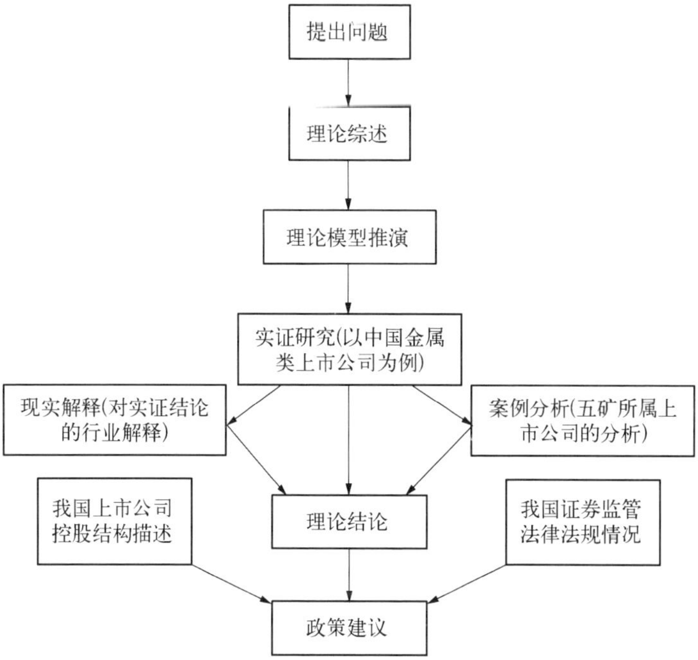

具体而言，在提出问题之后，首先就金字塔结构的相关研究成果加以综述。之后，围绕金字塔结构与公司价值、绩效的关系，从实际控制人利益最大化的角度出发，建立理论模型，分析金字塔结构下，实际控制人对上市公司侵害或支持行为的条件和原因，并在此基础上提出基本的理论假设。第 4 章、第 5 章以中国金属类上市公司为样本，分别实证分析金字塔控股结构与公司价值、公司绩效的关系。在实证检验的基础上进一步引入现实因素。第 6 章通过行业分析对第 4 章、第 5 章的核心结论进一步提出现实解释。第 7 章，从一个具体公司的角度，分析该公司旗下上市公司的控股结构，并从现实演变的因素对控股结构的形成进行解释，进一步提出目前我国金属行业上市公司中，最终控制人对上市公司控股结构的形成不但是企业自主选择的结果，更是市场的偶然选择和政策选择的结果。结合上述理论结论和现实因素，最终对我国金属类上市公司控股权优化提出相应建议。

1.4.3 创新与不足

（一）理论创新

第一，综合运用理论模型、实证检验、行业分析、案例分析等方法，围绕研究的核心问题，立足中国金属类上市公司，集中讨论金字塔结构与公司价值、绩效的关系，是一种立体化、体系化的研究方式。也深入揭示行业发展的现实，将理论与现实分析紧密结合，得出了能够解释现实的理论结论，同时部分地解释了整个行业运行的现实。

第二，综合考虑金字塔结构下实际控制人掏空或支持上市公司的利益与成本，创造基础的理论模型，通过资源转移变量的正负分别代表掏空或支持上市公司的行为，从而从理论模型上全面系统地解释了实际控制人掏空或支持上市公司的动机与条件，并在该模型中，将前人从不同角度研究的金字塔结构问题，比如掏空行为、“反向支撑”、法律制度导致的成本因素等融合该模型中，为理解整个金字塔结构对上市公司价值与绩效的影响提供了基本的理论基础。

第三，结合金融危机这一事件，借鉴前人的研究方法引入外部市场冲击的概念，首次以中国 A 股金属上市公司为样本，全面系统地验证了金融危机期间、后金融危机期间中国企业的金字塔结构与公司绩效的关系。并在前人研究模式上有所创新，结合中国 A 股金属类上市公司的分布特点，单独就上市公司终极控制人性质与公司价值、绩效的关系深入研讨，并依据对国有企业的深入理解，从实践角度解释了央企所属上市公司在行业冲击来临时，公司绩效变动的敏感性与其他性质上市公司不同的原因。

第四，本书实证研究部分，对我国 118 家样本公司 2007～2011 年的金字塔结构特征数据、公司价值类数据、公司绩效类数据、控制变量类数据做了大量而复杂的前期整理工作，尤其是通过检索上市公司上市材料及网络公开材料，手工整理计算了所有样本公司历年两权分离度（实际控制人对上市公司控制权对现金流权的偏离程度）、金字塔链条长度（最终控制人与上市公司之间所拥有的企业层级）等大量数据，得出了较为全面的金属类上市公司金字塔结构特征结构数据体系，与以往多数学者单独采用金字塔结构某一或部分特征变量相比，本书对金字塔结构的描述更加全面，从数据上更加全面可靠，也是在实证研究方面数据的创新，理论研究的结论也相对更加严谨。

第五，本书结合对我国金属行业发展、国企公司治理结构的实际运作以及中国五矿集团公司这一案例公司的深刻理解，对实证结论作出了进一步的现实解释，并从现实出发给研究金字塔结构和上市公司价值、绩效的关系提供了另外一个研究角度。

（二）不足之处

第一，本书在理论模型的构建上相对简单，而且理论模型提出的假设条件过于严苛，仅从实际控制人追求个人利益最大化以及实际控制人通过金字塔结构采取的侵占或支持上市公司的行为成本（如外部制度、法律环境）的角度进行了整体分析，对实际控制人通过何种途径或具体行为掏空或支持上市公司未作深入分析，仅以资源转出或转入界定掏空或支持，而实际运行中掏空或支持并不限于资源的转出或转入。

第二，本书对实证结论的现实解释部分，更多地依靠个人对行业的理解，而影响现实的因素是复杂而多元的，尤其是对金属行业影响的具体政策仍可进一步全面梳理，现实解释更多的是部分解释或可能的解释，在研究的严谨性、体系性上并不完备。尤其对国企尤其是央企的内部运行相对阐述更多，而地方国企、民营企业实际运行情况更多是直观的观察，缺乏全面翔实的调研或系统的数据支撑，在现实解释部分略显单薄。

第三，本书对中国五矿如何实现旗下上市公司控股关系作出了现实演进的描述。但是，中国五矿这一案例是否能够解释整个行业的状况，尤其是中国五矿作为央企，在政策支持方面不但有普适性的行业整体政策，也有针对央企的专项政策，基于央企的独特地位及行业领头羊的地位，将通过五矿案例得出的结论，放之于全体金属行业上市公司，会因为五矿的独特性导致相关的解释难以全面覆盖其他同类企业，在案例分析的说服力方面存在质疑。

第2章　金字塔控股结构理论研究概况

2.1　金字塔结构的概念及广泛存在的证据

2.1.1　企业集团与金字塔结构的概念

关于企业集团存在的理由，科斯(Coase, 1937)在其经典论述中，从交易成本的角度提出："假如……交易可以在企业内部以少于通过市场来进行同样交易所花费的成本来组织，企业在经济体系中就会起到某种作用，而当在企业内部组织额外交易的成本超过通过市场进行同样交易的成本时，企业的规模就达到了极限。"关于企业所有者如何实现控制，伯利和米恩斯(Berle & Means, 1968)指出："在公司体系下，可以用最小的所有权份额来实现对产业财富的控制。甚至没有任何所有权份额也可以实现对公司财富的控制。没有显著控制权的财富所有权和没有显著所有权的控制权成为公司发展的一个合乎逻辑的结果"，"对于一些巨型公司……几乎不存在多数控制，往往是靠少数所有权来维持其控制权。"①

金字塔结构虽提出不久，但从现实角度来看，在此概念提出之前金字塔结构组织模式就已广泛存在，当时学术界将这一问题的涉及体现在企业集团理论中。学术界将企业集团分成广义和狭义两种类型。广义的企业集团观点认为，企业集团是多个自主的企业结成的集合体，企业之间的联

① 李维安，张俊喜. 公司治理前沿(经典篇)[M]. 北京：中国财政经济出版社，2003。

合主要通过多种形式的关系和纽带维系,比如说互补的业务合作关系或家族关系或同一区域经营等纽带。广义的企业集团概念认为,成员企业之间联系的纽带是多样的,既包括正式的股权结构,也包括非正式的社会关系。肯纳和里夫金(Khanna & Rivkin, 2001)将企业集团定义为一个企业族群,企业族群中的各个成员企业具有独立法人地位,通过协调彼此之间的关系采取一致行为,并通过正式或非正式的纽带形成一体。格兰诺维特(Granovetter, 1994)认为,企业集团是处于一个核心或占优势的企业控制之下的企业联合体,通过多个企业之间的合作或联合,可以同时进入多个市场运营,从而维系他们之间的关系包括各种不同程度的法律和社会上的联系。狭义的企业集团看重产权关系,将企业集团范围进一步加以限制,认为企业集团只存在于保有股权关系的企业之间。韩国交易与贸易委员会(Korean Fair and Trade Commission) 将企业集团界定为由公司组成的集团,其中超过 30%的股份由某些个人或者这些个人控制的公司所有,因此整体管理,如任命执行官受到极大的影响。在我国,《企业集团登记管理暂行规定》指出:"企业集团是指以资本为主要联结纽带的母子公司为主体,以集团章程为共同行为规范的母公司、子公司、参股公司及其他成员企业或机构共同组成的具有一定规模的企业法人联合体。企业集团不具备企业法人资格"。可见,是否存在股权关系是狭义地判断企业集团的一个基本标识。

学术界对企业集团的研究和现实观察紧密相关,比如 20 世纪 70～80 年代,日韩综合商社的兴起,以及 90 年代以后中国、印度大型企业集团的兴起,推动了企业集团的学术研究。关于企业集团这一组织形成的原因,学术界也从经济学角度、社会学角度、政治学角度分别进行了解释。经济学角度解释影响最大,主要基于交易成本理论和资源理论,有学者认为企业集团的产生是由于外部不完全市场、社会文化和制度三大因素相互作用的结果,有人提出企业集团是资源共享和内部交易的中介。社会学家认为不同的社会制度构成了集团内部各组织之间信任、合作的基础,青木昌彦(2002)进一步从社会学角度进行理论解释,将社会关系看作合同关系并由此证实了企业集团存在的合理性。政治学家主要从政府对经济组织影响的角度观察企业集团问题。如罗伊·威廉斯(Roy Williams, 1997)发现美国大型企业发展的最初阶段,政府支持与相应的法律、政策因素发挥了重要作用。而针对东亚综合商社及大型企业集团的出现,后工业化国家中大企业集团会成为政策实施的重要工具,结果导致多元化发展战略(Khanna & Palepu, 1999)。在我国大型企业集团的实际运行中,同样可以发现国有大型骨干企业是行业政策、产业政策的重要实施和推进主体。吕源、姚俊、蓝海林(2005)在综合多篇企业集团研究文献基础上,提出无论广义还是狭义,企业集团具备三个特征:(1) 组成企业集团的内部各成员企业是具有独立法人资格的公司,也就是说,每个成员企业都具有较高的自由度,能够相对独立开展经营、作出决策;(2) 存在终极控制人,即存在一个核心(或主导)的个人、家族或企业,该个体会对下属企业保有相对多数甚至绝对控股,能够实现对企业的有效掌控;(3) 企业集团内部成员企业间存在法律、经济和社会关系,此种关系往往通过交叉控股、参股、关联交易形成。

伯利和米恩斯(Berle & Means, 1976)对金字塔式控制股权的定义是指通过对一个公司的控股,通过控股公司又持有另一家上市公司的多数股票,这一过程可以循环几次。可以通过掌握少量资本实现对所有资产的控制。拉伯塔等(La Porta et al., 1999)对"金字塔结构"(Pyramidal Structure)提出了明确的界定:(1) 处于最下游的上市公司必须具有一个终极所有者;(2) 至少有一个上市公司存在于下游上市公司与其终极所有者之间,而且控制链条的底线以10%或20%投票权为基准。因此,如果在控制权链条中的公司恰巧是非上市公司,这种情况不被看作是金字塔型持股结构。(对于上市公司的限定,因西方国家中上市公司是经济主体,对资本市场未完全发育成熟的国家,研究金字塔结构时此项条件须放宽。)伯特兰(Bertrand, 2002)认为,很多情况下,控制存在或体现于间接所有权上,进一步指出拉伯塔(La Porta)等1999年提出的金字塔概念,关键在于控制链条的多级。莫克(Morck, 2005)将金字塔股权结构理论运用到企业集团的研究中,比较早地提出了"金字塔控股集团"(Pyramidal Controlled Groups)这一概念,将公司治理理论与企业组织理论相结合,开始深入研究这一现实中普遍存在的金字塔结构企业组织形式。

2.1.2 金字塔结构存在的实证检验

拉伯塔等(La Porta et al., 1999)通过追溯公司终极所有者进行企业股权结构研究,将公司分为"广泛持有的公司"和"拥有终极所有人"的公司。并将终极所有人区分为家族或个人、国家、股权分散的金融机构、股权分散的公司。如果其直接或间接持有的投票权超过20%,则公司存在着控制性股东。并提出如果B公司100%拥有C公司,C公司拥有40%A公司股票,则B是A的终极控制人,但并不存在金字塔结构。通过研究全球27个富裕国家大型公司的股权结构,认为"除非在股东权利保护非常好的国家,相对较少的企业并未被广泛持有"。同伯利和米恩斯(Berle & Means)对现代公司股权结构的看法相反,"这些公司典型地被家族和国家控制"。"这些股东对公司具有非常重要的控制权,远超过现金流权,而这种控制往往通过金字塔结构和对公司管理的参与来实现";他们对这27个发达国家的1 231家上市公司进行的研究发现,26%的企业采用了金字塔股权结构。[①] 随后,克林森斯、詹科维和郎咸平(Claessens, Djankov & Lang, 2000)的研究证明,东亚九国的2 980个企业样本中有38.7%隶属金字塔结构。比安基等(Bianchi et al., 2001)发现,意大利的工业企业采取金字塔结构形式的超过了50%。法乔和郎咸平(Faccio & Lang, 2002)对西欧13国5 232家公司的股权结构进行分析后发现,构建金字塔结构是终极控制人对上市公司进行控制的主要形式,19.13%的企业采用了金字塔股权结构;其中,挪威和比利时的金字塔股权结构最为普遍,比例分别高达33.9%和25%。阿提长等(Attig et al., 2003)指出,印度尼西亚有67%的公司采取了金字塔结构,新加坡的比例为55%,日本是37%,加拿大为35%。霍尔德尼斯(Holderness, 2007)的样本抽样发现,在被普遍认

---

① 伯利和米恩斯在1932年经典著作中,提到了当时美国公司股权广泛持有的状况,长期成为公司股权结构的一大特征,并被后续很多学者所验证。进入20世纪70年代,不少学者开始从实证主义的视角对此提出质疑,尤其进入90年代,西方发达国家以及发展中国家的学者提出"在许多国家,大型公司拥有大股东,而大股东在公司治理中发挥着作用"。

为广泛持股的美国上市公司中，有 96%存在着大股东，而这些大股东平均拥有的股权高达 39%。众多的国外实证研究表明，无论在以西欧和美国为代表的发达国家，还是在东亚的新兴市场经济国家，企业中的金字塔控股现象普遍存在。

对国内实证研究而言，刘芍佳等(2003) 较早运用“终极控制人”追溯的方法研究中国上市公司状况，发现中国约有 84%的上市公司直接或间接被政府所控制，其中 75.6%的企业由国家通过金字塔结构实施间接控制；法恩等(Fan et al.，2005)指出：在经济转型的中国，以金字塔结构控制上市公司十分普遍，中国 750 家 IPO 样本企业中有 75%的企业被金字塔股权结构所控制；赖建清、吴世农(2005)研究发现，在我国的上市公司中，自然人采取金字塔结构进行控制的比例高达 95.7%，国有资产经营公司采用金字塔式控股结构的比例较低，仅有 15.7%；上海证券交易所研究中心(2005)发现，213 家沪市民营上市公司中高达 90.19%的企业采取了金字塔式股权结构；韩志丽等(2006) 发现，在由自然人控制的民营上市公司中，所研究的 327 家只有 19 家处于水平结构下，其余绝大多数都处于金字塔控制下；陈晓红、尹哲、吴旭雷(2007)发现对于中国家族企业而言，金字塔形控制结构控制上市公司的模式被普遍使用。毛世平和吴敬学(2008)的最终研究样本中有 95.19%的上市公司由最终控制人通过金字塔结构实施控制。以上文献表明，金字塔股权控制结构在中国的上市企业中更为普遍。

可见，无论国内还是国外，金字塔结构是企业集团普遍采用的股权架构方式(Khanna & Yafeh，2007)，早已有众多的经验证据表明，世界上的金字塔结构比交叉持股更普遍(La Porta et al.，1999)。

2.2　金字塔结构对上市公司的折价和溢价效应

金字塔控股结构为什么会成为各国企业集团和家族企业普遍采用的组织模式？金字塔结构特点对公司价值有何正面和负面影响？这种正面

或负面影响的途径和机制是什么？基于上述问题，国内外学者从不同角度作出了进一步的探索和研究。综合国内外学者的研究，金字塔结构对上市公司的影响或作用，一类是负向的折价机制，即通过“隧道挖掘”或掏空上市公司，对上市公司价值造成长期损害；另一类是正向的溢价机制，通过“反向支撑”使公司免于破产，或通过内部市场代替外部法律体系或外部市场的不完善等。下面将分别归类阐述。

2.2.1 金字塔结构对上市公司的折价效应

(一)“隧道挖掘”

“隧道挖掘”是约翰逊等(Johnson et al., 2000)提出的一个概念，主要是指上市公司控制性股东为了自身的利益将公司的财产和利润转移出上市公司从而实现个人利益最大化的行为。对于“隧道挖掘”的具体表现形式，他们提出了以下几种：一是以较低的价格将上市公司的资产出售给控股股东；二是将上市公司资源转移到控制性股东拥有较高现金收益权的公司；三是向经理人员支付较高的薪水，当然其前提是控股股东在其控制的企业中往往同时担任经理人员；四是为控股股东或控股股东拥有较高现金收益权的企业提供贷款担保，从而为自身具有更高剩余索取权的公司提供更好发展机会；五是侵占公司的发展机会；六是最为直接的偷盗等。

约翰逊等(Johnson et al., 2000)同时通过数据证明，在1997～1998年的亚洲金融危机中，控股股东的掏空行为可能是造成危机的主要原因；也有学者验证了大股东的“隧道挖掘”行为，会降低资本市场资源配置效率(Morck et al., 2000)。伯特兰等(Bertrand et al., 2000)进一步指出，“隧道挖掘”可能使得财务数据更加不可信，降低整个经济的透明度，导致歪曲会计数字的出现，增加信息不对称的程度和信息获取的难度，从而更难对企业的真实财务状况进行评价。

约翰逊、拉伯塔、洛佩斯德赛兰斯和施莱佛(Johnson, La Porta, Lopez-de-Silanes & Shleifer, 2000)提出，侵害威胁在大型企业集团中尤其明显；金字塔股权结构下的控制权和现金流权分离，使得终极控制人通过"隧道挖掘"将处于底层公司的资源以资产转移、转移定价以及现金侵占等方式转移到自己手中,为谋取控制权和私人收益而进行的"隧道挖掘"行为损害了其他股东的利益。克林森斯等(Clasessen et al., 2002)指出,当控股股东通过金字塔股权结构掌握了公司的控制权之时,控股股东对外部股东的利益侵占取代经理人员与股东之间的利益冲突成为公司的主要代理问题。比克等(Baek et al., 2006)的研究表明新兴资本市场国家的"隧道挖掘"现象非常普遍,然而金字塔结构下控股集团的复杂持股和组织结构特点则使得"隧道挖掘"难以被发现。拜伯切克、克拉克曼和特里安迪斯(Bebchuk, Kraakman & Triantis, 2000),沃尔芬森(Wolfenzon, 1999)对"隧道挖掘"的不同形式提出了理论模型。关于"隧道挖掘"的方式国外学者提出,在当代美国,主要大公司中侵害股东被认为主要通过决策失误(Berle & Means, 1932; Jensen Meckling, 1976)或高额在职消费导致(Bertrand & Mullainthan, 2000)。伯特兰等(Bertrand et al., 2002)又提出,"隧道挖掘"的方式可能是提供高息或低息贷款、操纵股权转让价格、以高于或低于市场价格的方式出售资产等。

李增泉、孙铮、王志伟(2004)进行了实证分析,专门研究了上市公司的所有权结构与控制性股东的掏空行为之间的关联。他们以我国 A 股上市公司为样本,以 2000～2003 年的关联交易数据为基础,通过实证研究表明, 第一大股东持股比例会直接或间接影响到上市公司的资金占用问题,随着第一大股东持股比例的持续上升,资金占用会出现先上升后下降的变化。他们也对其他变量进行了实证考量,与第一大股东持股和资金占用呈现非线性关系的结论不同,证明了资金占用与除第一大股东之外其他股东的持股比例表现出严格的负相关关系。罗党论、唐清泉(2007)也专门研究了防范控股股东的"隧道挖掘"行为问题,他们认为"隧道挖掘"会侵害中小股东的利益,研究表明: (1) 市场环境会显著影响控股股东"隧道挖掘"行为。地区间金融市场越发达,政府干预市场越少, 该地区的上市公司越不会轻易发生控股股东"隧道挖掘"行为。(2) 地方政府的财政赤字与"隧道挖掘"行为相关,财政赤字的存在会直接或间接地驱动控股股东"隧道挖掘"行为。(3) 监管政策是必要的,制定监管政策在一定程度上能遏止控股股东“隧道挖掘”行为。在我国的转型经济中，需要不断调查和研究我国监管政策的制定和实施情况。

唐宗明和蒋位(2002)的研究表明,中国上市公司大股东侵害小股东的程度远高于美英国家。杨兴君、宗长玉、江艺(2003)指出,国内民营企业控制多家上市公司所普遍使用的金字塔结构加大了控制性股东侵害少数股东权益的概率和程度。唐宗明、奚俊芳、蒋位(2003)通过分析股份分置改革这一特殊事件建立了理论模型,证明大股东侵害程度与大股东从该侵害行为得到的收益正相关,与该侵害行为被发现和查处的概率、大股东持股期限以及大股东未来各期收益的贴现率负相关。陈红、杨凌霄(2012)以20%的控制标准从2004～2010年沪深两市A股非金融类上市公司中筛选出6 191个公司年度观测样本进行的实证研究结果也显示,金字塔结构形态特征与大股东利益侵占活动正相关。

(二) 过度投资与资产转让

霍尔曼、赫格费尔特(Holmen & Hogfeldt, 2005)研究指出,由于终极控股股东能够获得相对于外部资本市场来说成本更低的资本来源,因而金字塔股权结构容易诱发过度投资。王蓓、郑建明(2010)针对瑞典封闭式基金(CEIFs)的折价之谜,在霍尔曼、赫格费尔特(Holmen & Hogfeldt, 2005)研究的基础上推测,由于中小股东对控制性股东潜在的对上市公司“隧道挖掘”行为、过度投资,或者同时采取上述两种行为的预期,从而压低愿意支付的市场价格,导致了瑞典封闭式基金的折价。进一步的研究则表明,在国有企业背景的上市公司中,金字塔结构导致现金流权与控制权的偏离,作为终极控股股东的政府,为了实现经济目标及个人晋升动机,可能对公司投资进行干预,导致过度投资,并且随着金字塔层级的增加,政府干预投资的能力越大。

然而,对于金字塔结构是否必然导致过度投资的行为,理论界也有不同看法。程仲鸣、夏新平、余明桂(2008)以2002～2006年中国地方国有上市公司为样本,实证检验了政府干预和金字塔层级对投资过度与投资不足的影响。在地方国有上市公司存在着因政府干预而导致的过度投资现象的基础上,进一步说明金字塔层级越高,过度投资的行为越少,即两者之间呈现负相关关系，而对其中原因的解释，认为金字塔结构可以作为法律保护的替代机制保护公司行为免受政府干预的影响。

同时，上市公司资产以不合理的价格转让也是学者们广泛认可的大股东掏空上市公司的重要途径。很多学者对大宗股权转让的溢价进行了分析，均发现拥有控制权的股东对股权转让有很高的潜在收益。吕德奎斯特等(Rydqvist et al.，1987)发现在瑞典，上市公司控制人对股权转让的平均溢价率为 6.5%；利维等(Levy et al.，1982)发现以色列上市公司控制人对股权转让的平均溢价率为 45.5%；奥尔内(Horner，1988)发现在瑞士该溢价率为 20%。唐宗明、蒋位(2002)对 1999～2001 年间我国上市公司 90 宗大宗股权交易进行了实证研究，表明我国上市公司控制权转移(大宗股权转让)的平均价格高出资产净值近 30%，表明高溢价的股权转移在我国同样存在。①

(三) 资金占用

伯特兰等(Bertrand et al.，2002)设立了一个外部市场冲击模型，并将这套方法运用到印度公司的面板数据中，实证检验了金字塔终极控制人倾向于将资金从低现金流企业向高现金流企业转移。同时实证表明，25%以上的边际利润在低现金流公司似乎消失了。

李增泉等(2004)认为，在控股股东控制权较低的阶段，控股股东对资金占用的动机越强。在较高的持股范围，上市公司控股股东资金占用动机越弱。刘峰、贺建刚(2004)从利益输送的角度对大股东从我国上市公司获取利益的手段进行的讨论也认为，持股比例高的倾向于采取高派现、关联交易等方式，而持股比例低则倾向于股权转让、担保和占用资金等方式。王鹏、周黎安(2006)通过对我国上市公司的实证研究证明，上市公司控股股东的控制权对资金占用率和资金净占用率的影响为正，而且两者之间的相关系数非常显著，体现出控股股东对上市公司控制权的侵占效应，即控制权越高，控股股东越倾向于占用上市公司资金，从而掏空上市公

---

① 唐宗明等在未公开的课题《后股权分置时期大股东行为模式研究与上市公司绩效评价》课题中，将大股东资产注入作为研究实际控制人对上市公司掏空或支持的基础变量，构建理论模型即通过实证研究大股东的掏空或支持行为。

司;而对于现金流权而言,控股股东的现金流权与资金占有率则呈现反方向变动关系,即现金流权越高,控股股东越不会占用上市公司资金,从而体现出现金流权的激励效应。王鹏、周黎安(2006)也给出了相关的解释,李增泉等(2004)研究的仅是控制权单一因素对资金占用的影响,王鹏等的研究从控制权和现金流权两个维度考察控股股东的股权结构对资金占用的影响。

2.2.2 金字塔结构对上市公司的溢价效应

由于两权分离等特征的存在,在金字塔股权结构下,控股性股东通过"隧道挖掘"或者过度投资等方式加强了对中小股东的利益侵占。但是,其他学者的大量研究却表明,金字塔股权结构并非百害无一利,尤其对于很多发展中国家来说,由于市场机制和法律体系的独有特点,金字塔控股结构也体现出有利于上市公司的一面,比如有学者就指出,隶属于企业集团的上市公司业绩表现明显优于独立的公司(Khanna et al. , 1999; Khanna et al. , 2000)。国内外学者也就此做了进一步探讨。

单独的"隧道理论"不能解释金字塔结构存在的原因。利安托和图西马(Riyanto & Toolsema, 2003)通过建立直接向终极控股股东转移资金的利益抽取模型发现,只有当中小股东没有意识到控股股东的"隧道挖掘"行为或者"隧道挖掘"的同时伴有向上市公司的利益输送行为时,金字塔结构下的"隧道挖掘"才显著大于水平结构。约翰 E. 利安托(Yohanes E. Riyanto et al. , 2007)发现,当投资者是理性的时候,理性的投资者会预期到控制人的侵占行为,并相应调整他们愿意为公司股权付出的价格。这将完全消除金字塔终极控制人内部交易的收益并倾向于选择水平型股权结构。而实证数据显示,投资者往往是短视的,并低估隧道效应的程度。当金字塔结构不但包括"隧道",还包括"支撑"时,家族控制人倾向于选择金字塔结构。理性的投资者愿意承担一定程度的侵占,以保证公司在经济萧条时免于破产。莫克等(Morck et al. , 2005)指出公司内部保险的收益是金字塔结构出现的原因。

(一) 控股股东“支撑”行为

虽然控股股东对上市公司的支持行为一般是秘密和暗中的，但国内外学者已对此有所察觉。1997～1998 年危机中，三星电子主席李坤熙(Lee Kun Hee)用个人财产捐赠给三星汽车公司以避免其破产；正大集团(CP)股东同样出售其在泰国和中国的资产，并将现金注入在泰国上市公司；三林集团(Salim Group)也向其在印尼的上市公司注资。同时，最有力的证据来自日本银行系统对企业集团的支持，星等(Hoshi et al.，1991)发现日本银行由于与工业企业往往处于同一集团(综合商社)，在企业短期内遇到现金流困难时，银行会提供资本支持。在日本，这种资金转移并非从私人口袋流向企业，而是同一集团内部具有相互股权联系的企业之间的行为。米顿(Mitton，2002)在亚洲金融危机中，在菲律宾、韩国、马来西亚、泰国等国多元化企业中，也找到了来自控股股东支持行为的大量证据和经验数据。

“支撑”由弗里德曼等(Friedman et al.，2003)提出。他们研究认为，上市公司的最终控制性股东为了追求自身最大利益，不仅会实施掏空行为侵占公司利益，在某些特殊的财务境况下，比如面临退市风险时，还会支持上市公司，向上市公司输入资源，为了帮助上市公司渡过难关，甚至会从企业集团的整体资源中抽调乃至动用个人财产。“支撑”这一概念与之前学者提出的“隧道挖掘”概念相对应。在“支撑”行为这种情况下，上市公司中的中小股东获益，而且通过资源的输入有助于公司价值的提高。在研究中他们同时也指出，终极控制性股东对上市公司是进行“隧道挖掘”还是提供“支撑”决策，不仅要看上市公司财务困境的严重程度，还与宏观经济环境，比如该上市公司所处的行业市场状况等相关，同时与该上市公司自身发展周期等因素有关。“支撑”行为并非必然，只有终极控股股东认为提供“支撑”的成本会小于预期收益时，终极控股股东才会向上市公司输入资源提供支持，这从理性人的基本假设角度同样不难理解。其实，在此之前，这一现象已引起了一些学者的关注，如奥巴塔(Obata，2001)就建立了一个关于“利益输送”的简单模型说明金字塔股权结构下投资者如何为挽救陷入财务困境的下属公司而向其输送利益；塞基(Seki，2001)也曾用模型说明，由于终极控制人在控制链中上层公司的收益权较大，因而当集团内公司出现财务危机时，终极控制人会通过掠夺控制链中底层公司的利益来帮助上层公司摆脱危机。此后，维尼等(Winnie, et al., 2011)的研究进一步为费里德曼(Friedman)提出的“终极控股股东对上市公司的支撑行为”提供了丰富的经验证据。总之，出于保持上市公司的良好形象、达到证券监管部门相关要求甚或为更长远地进行“隧道挖掘”等目的，金字塔股权结构下的控股股东向上市公司输送利益的“支撑”行为和现象业已通过诸多经验证据得到了国外学术界的认可。

在我国，对证券市场融资管制相对严格，证券市场的放开采取的是渐进式思路，在创业板未设立时上市公司数量较少，相对较小的证券上市和投资者较强的投资意愿相比，使得上市公司具有独特的“壳”价值，同时发行股票能使公司大股东一夜致富，且有更高的市盈率，从而给大股东带来巨额财富。所以在我国上市公司的壳价值可观，当业绩亏损的公司面临退市风险时，终极控制人为了保住上市公司这个“壳”，保留其后续融资的渠道，在现实中往往会通过各种途径进行反向的利益输送(王蓓、郑建明，2010)，以避免再次上市的高昂成本，并通过上市公司的存续保留未来大股东实施“隧道挖掘”的机会和可能。

李增泉(2005)考察了控股股东的支持和掏空行为对上市公司长期绩效的影响，结果表明，当公司具有配股或避亏动机时进行的并购活动能够在短期内显著实现支持效应，而无保配资格之忧时进行的并购活动目的在于掏空资产，会损害公司价值。

(二) 内部市场替代效应

目前，一些学者基于市场实效、市场不完全理论研究得出结论，企业集团在新兴经济体的优势是因为集团对市场不完善的弥补和替代。由于绝大多数新兴经济体的工业化大都是在第二次世界大战以后才开始起步，较之老牌的资本主义国家，其市场发育的时间较短也相对不成熟，而且与市场交易相关的制度体系，尤其是法律制度仍然处于发展和完善的阶段。这种外部市场经济制度的不完善，会导致市场基础机制功能无法充分发挥，并带来更高的市场交易成本。在缺乏有效的外部市场和法律制度背景下，企业作为市场运作的主体，被迫寻找其他降低交易成本的治理机制，以达成市场交易，卖出相关产品和购置生产要素从而实现利润。同时，这些新兴发达国家的政府往往会直接干预市场，通过国家计划或者行政手段介入市场运作，甚至部分国家政府会直接参与经济活动，以加快经济发展。这样的政府干预行为极大地阻碍了市场化以及法律体制机制的发育完善，从而造成市场失效。需要注意的是，发展中国家或者新兴市场经济中的市场失效并不仅仅是市场结构的失效，更是由于外在法律制度和市场基础缺陷造成的市场“空缺”(Khanna et al., 1997)。康纳和帕莱普(Khanna & Palepu, 1997,2000)认为，企业集团形成的内部市场可以形成对外部不完善市场(如产品市场、资本市场和劳动力市场等)的补充。阿尔梅达和沃尔芬森(Almeida & Wolfenzon, 2006)提出，金字塔结构可以作为外部低效运行的金融市场的替代。在他们的模型中，提出家庭控制者拥有 A 公司的现金流，如想建立 B 公司，需要筹建成本，可以通过金字塔结构动用 A 公司所有的现金流组建 B 公司，那么 A 公司的其他股东也为 B 公司的筹建付出了部分成本。

在此背景下，企业集团如何解决外部市场失效的问题？实践中很多企业集团通过集团内部计划、内部市场和协同机制来协调所属子公司间的交易活动，从而降低企业间经济交换的交易成本和便利性，由此部分弥补外部市场的缺陷，甚至实现对外部市场的替代。这种通过企业集团的内部组织替代外部市场的作用着重表现在五个方面：一是资金，即资金的集中使用和优化配置，并通过财务集中实现对银行等金融机构更高的谈判地位；二是管理人才，在经理人市场并未充分发育的情况下，内部人员的流动和提拔会成为人才选用的重要途径，而企业集团内部的人才集中会进一步增加优秀管理人才入选的概率；三是产品和投入市场，通过产业链条的延伸和产业链的建设，在产业上中下游形成良好的业务协同关系，整体上降低交易成本并提升整个产业链的抗风险能力；四是跨境交易活动，境外市场的开拓成本会显著高于国内，尤其海外人才的缺乏是多数企业集团海外拓展的瓶颈，通过并购行为可使企业集团快速进入境外市场，并为后续进一步国际化奠定基础；五是分担或者承担风险，通过企业集团内部不同产业的组合、不同商品的搭配以及不同产业环节的安排，可以提升企业集团整体稳健运行能力，实现风险的发散。因此，在部分国家，企业集团可以看作是替代市场的组织模式，成为在企业间进行资源配置的“微观体制”（吕源、姚俊、蓝海林，2005）。

（三）外部法律弥补机制

拉伯塔等（La Porta et al., 2000）认为，选择金字塔股权结构的公司通常是法律制度较不完善的国家，因为法律制度越不完善，法律实施的程度越不普及，对投资者的保护就越差。因此，企业会产生一种集中的动力或激励以实施自我保护。而事实上，拉伯塔（La Porta）等人对金字塔结构的系统研究以及一系列经典论文，都是在金融与法学之间寻找结合点，并以此为法金融学作出了重要的学术贡献。因此，外部法律制度的完备程度必然是其研究的重点领域。约翰逊等（Johnson et al., 2000）分析了金字塔结构在英国和美国相对较少的原因，在于这些国家在法律层面对关联方交易提出了挑战。当关联交易难以实施时，金字塔结构对终极控制人的吸引力可能会逐渐消失。他们还指出法律机制完善程度不同的国家，控股股东的“隧道挖掘”行为会有不同表现。具体而言，在法律机制越不完善、对投资者保护制度不健全的国家，公司控股股东的掏空行为一般会表现得更严重，从而造成上市公司价值的折让。莫克等（Morck et al., 2000）和伍格勒（Wurgler, 2000）的研究发现，如果市场缺乏完善的法律体系对小投资者的利益实施足够的保护，“隧道挖掘”效应会降低股票价格的信息含量，并大大弱化资本市场资源配置功能的有效性。利安托和图西马（Riyanto & Toolsema, 2008）指出，法律对投资者的较高保护意味着控股股东的公司利益侵占行为受到法律惩罚的可能性增大，从而导致控股股东对金字塔控制结构需求的下降、金字塔层级的降低和两权偏离程度的减弱。蔡安辉（2011）也发现，随着投资者保护程度的提高，终级控制人通过金字塔结构进行“隧道掏空”的行为受到了明显的抑制。以上研究表明，金字塔股权结构是法律机制对投资者保护不利的产物，是外部法律制度不完善的结果，在一定程度上起到了外部法律弥补机制的作用。但也有学者指出这一观点似乎与现实不合，比如发展中国家虽然投资者保护较弱，但通过金字塔控股的上市公司,公司价值依然很高。吉尔森等(Gilson et al.,2007)认为,在发展中国家中,整个经济市场化的基础并不牢固,而且一般而言对投资者保护的法制体系相对不完善,外在的制度因素传导到实体经济,会给经济环境带来很大的负面影响。同时,在具体的法律设置中,很多发展中国家商法和民法体系相对不健全,企业和企业家的利益难以得到稳定全面的保障。因此,为了适应这种外在机制的不完善,很多发展中国家企业往往组建大型的家族企业集团。家族可以通过金字塔股权结构,或者通过在产品市场中建立的商业关系,以及在社会中逐渐形成的个人声誉等,弥补和替代外部市场的不完善,同时规避自身经营风险,并通过非市场因素等各种关联,稳定公司的运营,提高经营绩效。

2.3 金字塔结构和公司价值与绩效的关系

基于以上研究,并在上述研究开展的同时,从控制权私利的角度出发,国内外学者研究认为金字塔控股结构特征(如股权终极控制人性质、控制链条长短等)对于企业价值或绩效会存在一定的影响,控制性股东的存在对公司绩效既有"激励效应"也有"侵占效应"。"控股股东会代表控股股东自身的利益,但这种利益并不一定与公司其他投资者、经理和雇员的利益一致"(Shleifer & Vishny, 1997)。基于以上,国内外学者在理论和实证角度均作出了积极探索。

2.3.1 所有权、控制权与公司价值

拉伯塔等(La Porta et al., 1999, 2002)研究认为,金字塔结构下,控股股东的激励效应来源于其所有权。控股股东在侵占其他股东利益的同时,整个上市公司的利益也不可避免地受到损耗。上市公司作为控股股东融资渠道以及长期经营的实体之一,现金流越高掏空行为给自身的利益损

害越大,长此以往最终也会损害控股股东自身的现金流收益。基于以上分析,他们提出在其他条件既定的情况下,较高的现金流量权会伴随着更低程度的侵占或掏空。因此,控股股东的所有权与公司绩效呈正向关系,也就是激励效应。克莱森斯等(Claessens et al., 2002)同样进行了实证检验,用东亚八个经济体1 000多家上市公司为样本,分析控股股东对上市公司的激励效应和侵占效应,得出的基本结论同样是公司绩效与控股股东的所有权正相关,而与控股股东拥有的控制权负相关;控制权和现金流权分离程度导致公司绩效相应波动,两者之间呈现负相关关系。约翰逊等(Johnson et al., 2000),阿蒂格、菲舍尔、加德洪(Attig, Fischer & Gadhoum, 2003),莫克、沃尔芬森等(Morck & Wolfenzon et al., 2004)研究也发现,金字塔股权结构下的所有权与控制权的分离掩盖了控股股东对少数股东进行利益剥夺的行为,对企业价值产生了明显的下降作用。

余明桂和夏新平(2003)的大样本研究也发现,我国上市公司控股股东与小股东之间存在严重的代理问题,使得其以托宾Q值来表示的市场价值显著小于无控股股东存在的企业。王鹏和周黎安(2006)验证了实际控制人所有权、控制权对公司绩效的影响,通过对中国A股上市公司的分析,验证了控股股东的控制权对上市公司有负的侵占效应,所有权对上市公司则有正的激励效应;进一步对控制权的侵占效应和所有权的激励效应进行了对比,表明侵占效应一般要大于激励效应;随着两者分离程度的增加,侵占效应大于绩效效应的效果越明显,并体现出递增的边际效应。谷祺(2006)发现,终极控制人为家族的上市公司中所有权对上市公司价值的激励效应并不明显,公司价值不仅与控制权比例显著负相关,也与所有权显著负相关。

2.3.2 两权分离度与公司价值

金字塔结构会造成所有权(现金流量权)与控制权(投票权)分离的状况。按照目前绝大多数学者理解的金字塔股权结构的概念,设定简单的案例讨论模型,A公司以60%的股权控制B公司,B公司以80%的股权控制

C 公司,C 公司以 50%的股权控制 D 公司……那么 A 公司就以 48%的所有权,享有 B 公司 60%的控制权,以 24%的所有权享有 D 公司 50%的控制权。对于现金流权的计算,不存在异议,即根据终极控制人在各链条拥有的所有权的乘积,如 A 公司对 C 公司的现金流权为 80%×60%=48%。而对于控制权的计算,则通过终极控制人在各链条拥有现金流权的最小值,如 A 公司对 C 公司控制权为 min(80%,60%)=60%,即意味着 A 公司以 40%的股权投入拥有了对 C 公司的 60%的控制权。同理可得,A 公司以 24%的现金流权拥有了对 D 公司 50%的控制权。

拉伯塔等(La Porta et al., 1999, 2002)研究认为,在公司金字塔结构所有权与控制权分离的情况下,较小的所有权会降低侵占行为所带来的损失,而当控制权较大时,终极控股股东侵占其他股东利益的动机会明显加大。因此,公司绩效与控股股东控制权和现金流的分离程度呈负相关关系,也就是他所提出的侵占效应。沃尔芬森(Wolfenzon, 1999)从理论上证明了金字塔结构会降低企业的价值。克莱森斯等(Claessens et al., 1999,2002)的研究也发现,在具有金字塔股权结构的公司中,控制权和现金流权之间较大的差异导致公司绩效较大的下降;伴随着公司终极控股股东控制权的增加,对少数股东的侵害会增加,并且控制权与所有权分离度越大,这种负相关效应就越明显,公司的价值会下降;控制权和现金流权分离程度严重的金字塔结构企业,具有较低的托宾 Q 值。阿廷等(Atting et al., 2004)利用加拿大 1 167 家上市公司数据进行研究,实证检验结果表明,致力于构建金字塔结构的终极控制人往往从自身利益出发来转移和分配集团子公司间的现金和资产,最终可能会导致上市公司价值的降低。伯特兰、梅塔和穆兰纳森(Bertrand, Mehta & Mullainathan, 2002),巴、康和基姆(Bae, Kang & Kim, 2002),莫克等(Morck et al., 2003)以及马尔基卡和穆拉(Marchica & Mura, 2005)等学者的研究也得出了大致相同的结论:金字塔式股权结构造成的现金流权与控制权的背离放大了终极控股股东手中的控制权,使得终极控股股东可以较低的成本进行利益侵占;控制层级越多,两权分离程度越大,控股股东利益侵占成本越低,“隧道挖掘”行为越猖獗。叶青(Yeh, 2005)对台湾上市公司的研究发现,终极股东现金流权越大,公司价值越高。马尔基卡等(Marchica et al., 2005)对英国非金融类上市公司的研究则发现,控制权与现金流的偏离对公司价值有着显著的负面影响。

虽然金字塔股权结构下的现金流权与控制权的偏离对公司价值的负面影响已被众多经验数据所证实,然而近年来也有学者发现,通过金字塔股权结构而实现的控制权与现金流量权的分离并不严重(Almeida & Wolfenzon, 2006),而且也有研究发现两权分离有助于公司价值的提高。哈梅林等(Hamelin et al., 2009)通过实证观察发现,在公司两权分离(所有权和控制权分离)与企业绩效方面存在着正相关关系,同时发现在小型企业集团里,"隧道"的作用更多体现于促进股东盈利的稳定性,而不是削弱公司的盈利能力。拜伯切克等(Bebchuk et al., 2000)认为, 现金流权和控制权相分离的情况下, 控制股东可能为了掠取控制权私人收益对中小股东利益进行侵害,并因此在公司项目投资、规模扩张以及控制权以不合理价格转移三方面产生代理成本。阿蒂戈、菲舍尔和加德后(Artig, Fischer & Gadhou, 2003)也从理论的角度提出,由于某种融资协同效应,在现金流权和控制权相分离的实际情况下,金字塔股权结构也有提升企业价值的可能性。

从国内研究来看,陈晓红、尹哲、吴旭雷(2007)分析了金字塔结构中,家族企业终极控制人对其他股东的侵害行为。认为家族企业随着控制链条的延长,将加剧控制权和现金流权的分离系数,侵害中小股东和从上市公司输出利益等就变得更加严重。苏启林、朱文(2003)沿用拉伯塔等(La Porta et al.)所运用的方法,提出了简单的理论模型,并实证检验了两权分离系数与公司价值的反向关系。与国外的家族企业相似,我国家族控制类上市公司的现金流权和控制权分离程度越高,企业价值越低。罗党论、唐清泉(2008)研究发现,控制权与现金流权的分离度与大股东对上市公司的资金占用具有显著正相关关系。王鹏、周黎安(2006)采用克莱森斯(Claessens)的方法,得出中国上市公司中两者分离程度与公司绩效负相关的关系,即随着两权分离度的增加, 上市公司的绩效呈现出递降的特征。王力军(2008)从两权分离程度(控制权减去所有权)角度出发,验证了公司价值(托宾 Q 值)与金字塔结构上述两个特点的关系。谷祺、邓德强、路倩(2006)提出了基于控制权私人收益的资产买入卖出模型,并实证检验了当现金流权与控制权的分离程度越大时,公司的控制股东越有动力去扩大公司规模以获取控制权私人收益。杨兴君等(2003)对民营企业控制上市公司的实证研究结果显示,金字塔股权结构加剧了我国民营上市公司控制权与现金流量权的分离,并导致了上市公司价值的降低。与国外的研究类似,国内也有学者得出了与以上研究不同的结论,如赖建清、吴世农(2005)的研究显示,金字塔式持股结构对我国上市公司绩效的影响不显著,最终控制人的所有权和控制权分离状况对公司绩效也不存在显著影响。

2.3.3　终极控股股东性质与公司价值

拉伯塔等(La Porta et al., 1999)的研究将终极控制人归为五类,包括家族或个人、国家、股权分散的金融机构、股权分散的公司、其他主体(如没有单一控制性投资者的企业集团等)。在对 27 个发达经济体的样本数据进行深入分析之后,他们得出结论,家族是最主要的终极控制人类型,类似的结论在其他国外学者的研究中屡见不鲜(Morck et al., 2000;Faccio, 2002;Attig et al., 2003),在相关研究中,上市公司最终控制人的性质并没有被特别关注,并作为金字塔结构的一个特征变量得到重视。而中国的情况与国外情况不同,中国证券市场目前明显的国有企业与民营企业并存,从市值来看,国企背景的上市公司更是占据证券市场绝大部分市值。在此情况下,对于中国上市公司终极控制人性质的研究,以及终极控制人性质与公司价值关系的研究,必然会成为国内金字塔结构研究的一个重要方面。

国内学者也作了专门研究,其中,国有上市公司与私人控股上市公司是针对终极控制人性质重要的分类方式之一,而此种分类与上市公司价值的实证研究结果并不一致。肖翔、郭华(2010)以我国 2007～2009 年沪深两市 2 990 家上市公司为样本,分别从国有控股上市公司和非国有控股上市公司的角度研究发现,金字塔股权结构对两类不同所有权性质的上市公司影响不同,金字塔股权结构在非国有上市公司中的确起到内部资本市场的作用,并使其融资渠道发生明显改变,但此关系在国有上市公司中并不显著;金字塔终极股东的利益侵占假说只在国有上市公司中显著成立,而在非国有上市公司并不成立。沈艺峰、况学文等(2008)的实证研究发现,终极股东性质不同,控制权与现金流权的偏离对公司现金持有量及市场价值的影响不同。王力军(2008)以我国A股证券市场的上市公司为样本,以2002～2004年为研究期限,从公司终极控制人性质出发分别比较研究了国有上市公司与非国有上市公司,以及国有上市公司中不同政府层级控制的上市公司与金字塔控股控制结构下非国有上市公司的绩效状况。研究结果表明,无论终极控制人为国有还是非国有的上市公司,其间的上市公司绩效并没有显著不同;然而在国有上市公司中,政府层级越高,国有上市公司绩效越高;对于民营上市公司而言,金字塔控制结构不利于公司绩效。王鹏、周黎安(2006)研究结论与此略有不同,他们发现控股股东为国有控股的上市公司绩效表现会与非国有上市公司的绩效出现差异,国企背景的上市公司绩效相对更好。这一结论也可以在现实中得到解释,因为国有控股的上市公司虽然在决策效率、运行成本等方面存在缺陷,但整体决策相对科学规范。从股权结构看,国企所属上市公司与私人控股的公司相比,终极控股股东在侵占公司利益的激励方面可能更弱。私人控股的公司侵占上市公司利益自己本身可以从中直接获益,而国有控股的公司,实际控制人侵占上市公司利益之后个人无法直接受益,反而要承担与私人控股公司中大股东同样的成本。另外,国有控股公司有更好的谈判能力和银行关系,其融资压力比私人控股公司要小很多,有利于国企所属上市公司快速抓住投资机遇实现更快发展。其他国内学者的一些研究,也直接或间接地支持了这种推断。有学者在研究中国证券市场上市公司时指出,当上市公司由国有控股时,大股东对小股东利益侵占会更少发生,中小股东权益可能被更少侵占。毛世平、吴敬学(2008)以2004～2005年A股非金融行业上市公司为样本进行的研究也发现,终极控制人构建不同的金字塔结构对上市公司的价值产生了不同的影响。相对于非金字塔结构,终极控制人构建的分离型和非分离型金字塔结构更能减低企业价值;但相对多链条金字塔结构,终极控制人通过单链条金字塔控制上市公司则可以改善公司价值。佩罗蒂(Perotti, 1995)指出,政府在公司私有化之后依然保持最大的股份和大股东地位,可以借此向市场发出信号表明股东权益会受到更好的保护,从而有利于公司价值的提高。类似的结论在对捷克与俄罗斯上市公司的研究中也被发现(Black et al., 2000)。

即使终极控制人都是国家,管理企业的政府层级和代理机构不同,对企业绩效和价值的影响也不尽相同。刘芍佳等(2003)研究进一步发现,在以各级政府为最终控制人的上市公司中,相对来讲代理效率损失最低的企业具有以下几个特点:一是国家间接控股,即国家通过所控制的企业或公司间接控制上市公司;二是同行同专业的公司控股,即拥有控股权的公司与上市公司存有业务关联;三是整体上市的公司。法恩等(Fan et al., 2007)检验了中国地方政府控股的新上市公司的金字塔组织结构,用实证检验的方式验证了当地方政府面临较少的财政压力和就业压力的条件下,地方政府倾向于成立更加广泛的金字塔结构。当地方政府有更长期目标,并且地方政府企业更遵循市场、法律规则运行时,金字塔结构越广泛,企业托宾Q值就越高,劳动产出效率就越高,并且总产出越高。然而,金字塔结构与公司经营效率之间的关系,被发现内生于公司经营所在区域的激励和制度环境。夏立军、方轶强(2005)指出对于国企背景的上市公司而言,各级政府可能会将本来由其承担的社会性负担转移到当地的上市公司,在政府权力没有受到法律和制度较好约束的条件下,政府会对国企背景的上市公司实现侵害;同时指出层级较高的政府会因为更强的监管和制约,从而会更加注意自己的行为,因此低层级政府控制的上市公司价值往往更低。

虽然国内学者对金字塔控股结构下最终控制人性质对上市公司价值或绩效有不同的实证结论,但整体而言,均认为国企控股的上市公司绩效表现不会差于民营性质的上市公司,即无显著差异或国企所属上市公司绩效表现更优。而这似乎与直观印象中的国企机构臃肿、决策效率低下的印象不同。

2.3.4 控制链条长度与公司价值

李增泉、辛显刚、于旭辉(2008)以在我国证券市场公开发行股票的88家民营企业集团为样本,从“金融发展、债务融资约束与金字塔结构”的角度出发,以金字塔结构的层级数为唯一解释变量,验证了以下假设:金字塔层级越多,该企业集团的负债率会越高。母公司所在的地区融资约束越强,整个集团的金字塔结构层级会越多。也有学者在国外学者研究基础上,将金字塔层级结构按照大于三级、等于三级和少于三级将层级结构分别定义为多、中、少,验证了金字塔结构层级越多,信息泄漏越快。

陈晓红、尹哲、吴旭雷(2007)研究发现,金字塔控制链条越长,家族企业最终控制人就越有可能通过掏空损害企业价值。罗党论、唐清泉(2008)以金字塔结构和所有制来验证中国A股上市公司对中小股东利益的保护,将金字塔的控制层级作为解释变量之一,并对金字塔控制链条的设置做了清晰的数量界定,发现在民营控制的上市公司,金字塔控股结构层级越高,对中小股东的利益越可能发生侵害。而在国有上市公司中,金字塔控制层级高低对中小股东利益的影响却是不显著的。刘运国和吴小云(2009)的研究则表明,自然人对上市公司的金字塔控制层级越多,控制权和现金流权的分离程度越大,控股股东对上市公司的掏空行为越严重。罗党论和唐清泉(2008)也发现,我国国有企业金字塔结构的层级数与大股东对小股东的掏空程度以及经营效率都没有显著的关系。

程仲鸣等(2008)发现,地方国有企业金字塔结构的层级越多,过度投资现象越会受到抑制;刘运国和吴小云(2009)的研究认为,随着金字塔结构层级的增加,政府部门对国有上市公司的政治干预成本会增大,控制链上各公司的利益冲突更加严重,掏空(“隧道效应”)难度增加,因而金字塔结构对国有企业存在一定的正面效应;法恩等(Fan et al., 2010)发现,与民营企业金字塔结构不同,我国国有企业的金字塔结构具有一定的正面作用,地方国有企业的金字塔层级越多,员工效率和业绩水平越高;刘行、李小荣(2012)基于税收角度的研究也认为,地方政府控制国有上市公司的金字塔结构有助于降低其税负，而金字塔结构的层级越多，实际税率就越低，其市场价值就会得到相应提升。这些文献对“处于金字塔结构的国有企业有更高的运营效率”这一论断给予了实证支持。

金字塔结构具有垂直链条的独有特点，而从这一特点角度出发所做的金字塔结构问题研究，经常把金字塔控股结构垂直层级的长度作为两权分离度衡量的重要指标，也就是垂直管理层级越多，视为两权分离度越高。但大量的来自实证的经验数据却揭示很多金字塔结构下，尽管有着多重管理链条，但企业集团的所有权与控制权相分离的特征却并不明显，即所谓“金字塔之谜”(冯旭南、李心愉，2009)。这一现象不仅在中国，在其他国家如德国、巴西、智利、加拿大也广泛存在。此问题的出现，也为学者从组织结构方面重新审视企业集团金字塔结构的垂直层级意义提供了角度。

第3章　关于“隧道挖掘”和“反向支撑”的理论模型

约翰·E.利安托和琳达·A.图尔塞玛(Yohanes E. Riyanto & Linda A. Toolsema, 2007)指出“隧道挖掘”指的是“通过金字塔链条,(通过合法的关联交易)将资源从低层级公司向高层级公司转移”。“支撑”指的是反向的资源转移,以避免受到“支撑”的公司破产。我们认为上述表述符合金字塔结构的根本特点,即可实现所有权(现金流权)与控制权(投票权)的分离,从而使资源转移产生对终极控制人不同的效应。基于以上假定,围绕本书提出第一个基本问题:终极控股股东对处于金字塔链条的企业进行“隧道挖掘”或“反向支撑”的条件是什么?停止“隧道挖掘”或“反向支撑”的均衡条件是什么?

3.1　利益驱动下的终极控股股东行为

3.1.1　基本假设与初步结论

本章将从大股东行为模式的角度出发,建立决定终极控股股东盗取或支持金字塔底层企业资源的简单模型。

假设1:终极控股股东对金字塔链条上的企业拥有实质控制权,可就金字塔链条上的企业资源(Enterprise Resource)进行转移和任意比例的配置(外部制度约束为零)。

假设2:终极控股股东的效用和其所有的内部资源等同,即其所控制的资源越多，获得的效用越大，且呈同比例正向变动关系。

假设 3：终极控股股东在内部资源配置时不会出现资源耗损，即不考虑。

假设 4：各层级公司资源使用的边际效率均等，且为 1。

考虑如下最简单的金字塔模型，终极控股股东(假设企业 A)，拥有 B 公司 s_1 股权，B 公司拥有 C 公司 s_2 股权，则终极控股股东总效用 U（企业资源）为：

$$U = U_a + s_1 \times U_b + s_1 \times s_2 \times U_c \tag{3.1}$$

其中，U_a、U_b、U_c 分别为终极控股股东分别从 A、B、C 公司控制的资源，根据假设 2，即终极控股股东从 A、B、C 三家公司获得的效用。

考虑从 C 公司将资源转移出去的情况，设定为 ΔU，并分别以 θ 和 $(1-\theta)$ 的比例分配给公司 A 和 B：

$$U_2 = U_a + \theta \times \Delta U + s_1 \times [U_b + (1-\theta) \times \Delta U] + s_1 \times s_2 \times (U_C - \Delta U) \tag{3.2}$$

$U_2 - U$ 即为终极控股股东通过内部资源转移得到的效用变化。

$$U_2 - U = \theta \times \Delta U + s_1 \times (1-\theta) \times \Delta U - s_1 \times s_2 \times \Delta U \tag{3.3}$$

简化后得：

$$U_2 - U = [\theta \times (1-s_1) + s_1 \times (1-s_2)] \times \Delta U \tag{3.4}$$

若使 $U_2 - U > 0$，即若使终极控股股东效用提升，则：

$$[\theta \times (1-s_1) + s_1 \times (1-s_2)] \times \Delta U > 0 \tag{3.5}$$

而根据假设，$0 < \theta,\ s_1,\ s_2 < 1$，则可知：$\theta \times (1-s_1) + s_1 \times (1-s_2) > 0$。

该系数恒为正数，表明终极控股股东与 C 公司的资源转出呈正向关系，即终极控股股东倾向于将资源从控制链条低的上市公司 C 转移到控制链条高的公司 B 或 A。若向 C 公司注入资源，即 $\Delta U < 0$，则终极控股股东效用会受损。且根据系数 $\theta \times (1-s_1) + s_1 \times (1-s_2)$ 分析，在控股股东

获得终极控制权不丢失的前提下，θ越大，s_1和s_2越小，越有利于终极控股股东，即资产倾向于向现金流权更高的企业层级转移，并且终极控股股东倾向于以最小的现金流权控制下属企业。

3.1.2 假设条件放宽下的控制人行为分析

进一步，对假设4放宽条件。

假设5：各层级公司资源使用的边际效率各自独立，分别为ME_a，ME_b，ME_c，且存在资源使用的边际效用递减。

在没发生资源转移的情况下，终极控股股东得到的总效用为：

$$U^0 = U_a \times ME_a + s_1 \times U_b \times ME_b + s_1 \times s_2 \times U_c \times ME_c \quad (3.6)$$

同样考虑从C公司将资源转移出去的情况，设定为ΔU，并分别以θ和$(1-\theta)$的比例分配给公司A和B：

$$U_3 = (U_a + \theta \times \Delta U) \times ME_a + s_1 \times [U_b + (1-\theta) \times \Delta U] \times ME_b + s_1 \times s_2 \times (U_C - \Delta U) \times ME_c \quad (3.7)$$

资源转移后，终极控股股东的效用变化为：

$$U_3 - U^0 = \theta \times \Delta U \times ME_a + s_1 \times (1-\theta) \times \Delta U \times ME_b - s_1 \times s_2 \times \Delta U \times ME_c \quad (3.8)$$

若使$U_3 - U^0 > 0$，则：

$$[\theta \times ME_a + s_1 \times (1-\theta) \times ME_b - s_1 \times s_2 \times ME_c] \times \Delta U > 0 \quad (3.9)$$

或：$$[\theta \times (ME_a - s_1 \times ME_b) + s_1 \times (ME_b - s_2 \times ME_c)] \times \Delta U > 0 \quad (3.10)$$

系数$\theta \times (ME_a - s_1 \times ME_b) + s_1 \times (ME_b - s_2 \times ME_c)$正负未定，而终极控股股东从效用增加角度行动，即需保证$U_3 - U^0 > 0$，终极控股股东转移上市公司资源还是向上市公司输入资源（ΔU的正负），是相机而动的。在现金流权 s_1，s_2 既定的条件下，取决于各层级公司的边际资源效用。如果 $\theta\times(ME_a-s_1\times ME_b)+s_1\times(ME_b-s_2\times ME_c)>0$，意味着终极控股股东如果将资源从 C 公司转移到 A 公司和 B 公司，从 A 公司和 B 公司资源增加获得的效用，要大于 C 公司资源减少带来的效用损失，此时从 C 公司转出资源对终极控股股东有利，从理性人的假设出发，终极控股股东将掏空或侵占 C 公司的资源。反之，如果 $\theta\times(ME_a-s_1\times ME_b)+s_1\times(ME_b-s_2\times ME_c)<0$，意味着终极控股股东如果将资源从 C 公司转移到 A 公司和 B 公司，从 A 公司和 B 公司资源增加获得的效用，要小于 C 公司资源减少带来的效用损失，此时从 C 公司转出资源对终极控股股东不利，从理性人的假设出发，终极控股股东将不再掏空或侵占 C 公司的资源，同样的资源在 C 公司配置能给终极控股股东带来更大的效用，因此此时终极控股股东会从 A 公司和 B 公司转出资源，支持底层的 C 公司。

进一步，考察终极控股股东对 C 公司资源盗取的状况（$\Delta U>0$）的情况：

基于控股股东理性行为的基本假定，$\theta\times(ME_a-s_1\times ME_b)+s_1\times(ME_b-s_2\times ME_c)$ 必然为正，即：

$$\theta\times ME_a+s_1\times(1-\theta)\times ME_b>s_1\times s_2\times ME_c \tag{3.11}$$

基于式 3.11，并根据假设 1，终极控股股东可以任意配置内部资源（即 θ 是自由设定的），则在上式所列条件下，若 $ME_a>s_1\times ME_b$，控股股东将选择增大配置给 A 公司的比例，在资源边际效用递减假设下，ME_a 也将随着新增资源的增加而逐渐下降，直至：

$$ME_a=s_1\times ME_b \tag{3.12}$$

进一步考虑后续调整，在终极控股股东认为盗取 C 公司资源有利的条件下，将持续转移 C 公司资源，随着 C 公司资源的逐步下降，在资源边际效用递减假设下，ME_c 将持续增高，直至：

$$\theta\times ME_a+s_1\times ME_b\times(1-\theta)=s_1\times s_2\times ME_c \tag{3.13}$$

结合以上，将式 3.12 代入 3.13，可以得出存在资源边际效用角度条

件下,终极控股股东盗取C公司资源的动态均衡条件,即:

$$ME_a = s_1 \times ME_b = s_1 \times s_2 \times ME_c \quad (3.14)$$

上式即为终极控股股东盗取C公司的条件。也就是说,在终极控股股东可以任意配置公司资源的前提下,如果掏空或侵占C公司对终极控股股东有利,终极控股股东将持续掏空上市公司,在资源边际效用递减的情况下,导致终极控股股东在各层级公司的资源边际效率发生此消彼长的变化,一直达到式3.14的均衡条件终止掏空行为。

反之,考察终极控股股东对C公司资源输入状况($\Delta U < 0$)的情况:

基于控股股东理性行为的基本假定,$\theta \times (ME_a - s_1 \times ME_b) + s_1 \times (ME_b - s_2 \times ME_c)$ 必然为负,即:

$$\theta \times ME_a + s_1 \times (1-\theta) \times ME_b < s_1 \times s_2 \times ME_c \quad (3.15)$$

上式即为终极控股股东反向支持C公司的条件。其动态均衡条件同样可以得到为:

$$ME_a = s_1 \times ME_b = s_1 \times s_2 \times ME_c \quad (3.16)$$

也就是说,在终极控股股东可以任意配置公司资源的前提下,如果支持C公司对终极控股股东有利,终极控股股东将向C公司输入资源提供支持,在资源边际效用递减的情况下,导致终极控股股东在C公司的资源边际效率逐渐降低,A公司、B公司的资源边际效率逐渐提高,式3.14的均衡条件将终止支持行为。

3.1.3 自利动机下实际控制人的行为模式

通过上述模型分析,可以初步得出以下结论:

第一,在资源边际效用不同的假设下,终极控股股东既有侵害底层公司的动机,也有支持底层公司的动机,即侵害或支持行为是相机变化的,主要取决于 $\theta \times ME_a + s_1 \times (1-\theta) \times ME_b$ 与 $s_1 \times s_2 \times ME_c$ 的对比,而侵害或支持决策与各层级公司对内部资源的边际效用大小关系密切。

第二，在终极控股股东可自由配置内部资源的条件下，底层公司若想停止终极控股股东的资源盗取，需要在资源使用的边际效用上有更大的优势。而且，在控制权完全由终极控股股东掌握的前提下，现金流权越低(两权分离度越高)，终极控股股东越有动机盗取上市公司资源。

第三，资源的边际效用递减决定了终极控股股东对上市公司资源盗取或资源输入是有限的，也是有条件的。结合到现实情况，多数情况下 $\theta \times ME_a + s_1 \times (1-\theta) \times ME_b > s_1 \times s_2 \times ME_c$，也即终极控股股东一般对底层公司的资源盗取是长期而且持续的(除非 s_1，s_2 较大，即控制权和现金流权一致性程度较高)。在特殊情况下，如底层公司为即将退市的上市公司，壳价值凸显，对终极控股股东而言，该上市公司对资源(如利润至少应为正)的边际效用极大，终极控股股东会持续加大资源支持力度，以确保终极控股股东整体效用的最大化。

3.2　成本约束下的终极控股股东行为

在 3.1 节中，对终极控股股东从自利角度出发的行为模式作了分析，上述分析可以归结为实际控制人逐利行为的动机。而在实际运行中，终极控股股东(实际控制人)在侵害或支持上市公司利益的时候，也必须要冒一定的风险，即实际控制人的侵害或支持行为是有成本的。要将行为动机转化为现实的行动，实际控制人必须考虑实施该侵占或支持行为的成本。

实际控制人侵占或支持上市公司行为的成本至少包含以下方面：

3.2.1　终极控股股东行为的外部成本

一是法律制度的成熟程度和外部监督机制。关于外部法律制度的完善程度会影响实际控制人侵占或支持上市公司行为这一命题，很多学者已做过实证研究，本书理论综述部分也有提及。比如，在金字塔结构研究领域的四位著名学者拉伯塔、罗伯特 · W. 维什尼、洛佩斯德赛兰斯和安德烈·施莱佛(La Porta, Robert W. Vishny, Lopez-de-silanes & Andrei Shleifer)对金字塔结构的研究是在法学与金融研究领域相结合的背景下展开的,主要研究法律体系与投资者保护之间关系的课题。他们通过对全球 27 个发达国家大型公司的研究指出,在投资者保护更好的国家,相应的上市公司被更加广泛地持有(La Porta et al., 1999)。通过对上述国家中等规模(5 亿美元左右市值)上市公司的研究,同样证明了投资者保护法律体系的完善程度与广泛持股相关性的结论。在后续的研究中,他们指出法律制度对投资者的保护可以保护契约的履行,从而保障市场的公开透明(La Porta et al., 2000)。在关于投资者保护和公司价值关系的研究上,他们利用世界上较发达的 27 个国家数千家公司的数据,通过设定法律指标实证研究了投资者保护和控股股东的所有权对公司价值的影响,结果发现,法律体系较健全的国家,会更有利于约束终极控股股东对小股东的利益攫取,从而得出公司治理的"关键机制是保护外部投资者"(La Porta et al., 2002)。大致而言,法律程度越完备,实际控制人侵占或支持上市公司的行为越少,这也符合正常的逻辑分析,法律程度越完备,对实际控制人的外部监督也越有效,侵占或支持上市公司的行为都会相应减少。尤其在注重保护中小股东利益的国家,实际控制人侵害上市公司而获得自身利益最大化的行为将减少。

除了法律制度之外,商品市场、证券市场、经理人等外部市场同样会对终极控制人的行为构成约束,从而增加金字塔实际控制人侵占上市公司的行为成本。比如尤金·法马和迈克尔·詹森(Eugene Fama & Michael Jansen, 1983)指出:"股票公开发行的公司中剩余要求的无限制可转让性产生了一个对这些组织而言特有的外部监督机构——具体是对普通股定价和以低成本转让普通股的股票市场。"同时指出:"接管市场的外部监督对于股份公开发行的公司也是独特的。"尤金·法马(Eugene Fama, 1980)也指出,最高管理者之间的竞争(即经理人市场的存在)也会对当前公司实际控制人的行为带来潜在的竞争压力,即经理人的任免及职位保全是一种重要制约。

为了分析的方便,我们将法律体系以及外部监督机制作为外生变量，构成对金字塔终极控股股东行为的影响因素之一，并将C_{out}定义为由外部法律制度、外部市场监督程度带来的对实际控制人行为的外部监督成本。

对于在市场上公开运行的公司而言，实际控制人对其所控制链条上公司的资源转移，或利益侵占或支持，如果侵害了中小股东利益或违背了法律规则，实际控制人会考虑该行为实施后对个人声誉的影响，同时类似行为发生的概率和该公司所在的文化、社会大环境存在关系，比如在崇尚公廾、公正、透明的文化背景下，终极控股股东更加不容易实施侵害或违规行为。

根据上述分析，将上市公司终极控制人行为的外部成本描述如下：

$$C_{out} = C(law, stock, product, position, cultrue, \mu) \qquad (3.17)$$

其中，C_{out}为外部成本，law，$stock$，$product$，$position$，$cultrue$ 分别表示该公司所处的法律环境、证券市场、商品市场、经理人市场、文化背景等外在因素，μ 表示其他外生制度变量。

3.2.2　终极控股股东行为的内部成本

对实际控制人行为的内部成本。关于 3.1 节的分析，为了讨论的方便，我们假定公司最终控制人可以随意转移或调配金字塔控制链条上各级公司的资源，而这仅仅是一种简单化的古典假设。事实上，对公司控制人的内部监督普遍存在，这也是公司治理机制之所以存在的基本原因。公司治理机制的一个根本功能和重要内容，就是对管理层可能采取的对股东利益的攫取行为构成有效约束，以最小化委托代理关系中的代理成本问题。比如公司治理中的董事会，被认为“是一种引入市场机制的制度”，“其最重要的智能是监督企业内部的最高决策者。”(尤金 · 法玛，1980)即使终极控股股东很可能控制董事会，“外部董事的介入，可能会降低(控股股东与经理层)合谋安排的可能性”(尤金 · 法玛，1980)。而除了董事会之外，股东大会、其他股东、债权人、监事会等公司治理的相关主体即内部监督机构，同样可以构成终极控制人违规行为的成本。

因为此方面的理论描述已较为成熟,不再一一展开。此处结合理论描述以及实践观察,我们认为与该公司控股股东行为的内部成本与公司治理的完善程度(*corpgov*)、现金流权(*share*)、控制权(*control*)、董事会(*board*)及监事会(*supervisor*)、内控体系(*inter-control*)、其他股东与大股东的力量对比(*sharestructure*)等相关,并将实际控制人行为的内部成本做如下定义:

$$C_{in}=C(corpgov, share, control, sharestructure, board, supervisor, inter\text{-}control, \xi) \tag{3.18}$$

3.2.3 终极控股股东行为的总成本函数

如果将C_{all}定义为实际控制人侵占或支持上市公司的总成本,总成本包括内部成本与外部成本两部分,则实际控制人行为的总成本为:

$$C_{all}=C_{out}+C_{in} \tag{3.19}$$

对一国上市公司而言,其所面临的外部法律监管基本是一样的,即认为法律、制度因素对各种类型的上市公司是一视同仁的,C_{out}一般情况下为常数,实际控制人行为的总成本与内部监督成本相一致,与金字塔结构特征相关。对于内部成本C_{in},其中部分因素,如控股股东现金流权(*share*)、控制权(*control*)、其他股东与大股东的力量对比(*sharestructure*)等相关,与我们所研究的金字塔控股结构相关联。根据公司治理基本理论,实际控制人行为的内部治理监督成本与控股股东现金流权呈反相关关系,即控股股东现金流权越高,其他中小股东的监管动机及监管能力越低,从而成本越小;与控股股东控制权呈反相关关系,即控制权越高,决策权越集中,不需为决策做出付出妥协,从而成本越小;与董事会及监事会效能,与内控体系的完善程度呈正相关关系,即公司治理内部监督主体监督职能发挥越充分,实际控制人侵占上市公司行为越发顾忌,成本越高。

3.3　利益驱动和成本制约下控股股东的行为

3.3.1　双重作用下实际控制人的基本行为模式

引入监督成本的概念后，终极控股股东侵占或支持上市公司的行为将受到抑制，综合考虑自利动机及可能付出的成本因素，我们认为终极控股股东的行为将有所改变。

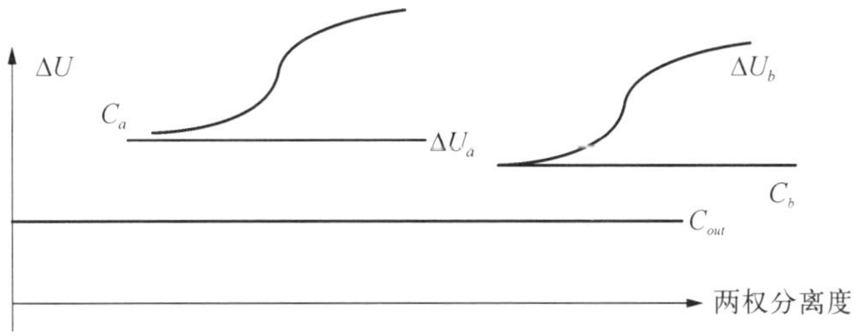

图 3－1　终极控制人资源转移的利益与成本示意图

如上图所示，ΔU 为终极控制人对上市公司的利益转移，ΔU 为正，表明终极控制人转出上市公司资产，从而可能导致公司价值或绩效下滑。ΔU 为负，表明终极控制人向上市公司主动输送资源，从而导致公司价值或绩效上升。因为终极控制人向上市公司主动输送资源的条件非常苛刻(见本章 3.1 节的分析)，仅考虑一般情况，即两权分离度越高，终极控制人越倾向于将资源转出，转移到上一级或拥有更高现金流的平级公司中的情况，从而 ΔU 与两权分离度呈正相关关系。ΔU_a 与 ΔU_b 分别表示 A 公司、B 公司终极控制人对两家公司的资源转移情况。

C_a 与 C_b 分别表示 A、B 公司终极控制人资源转移的总成本，包括 C_{out} 这一外部法律制度成本，以及各自的公司治理内部监督引发的成本。据上述分析，终极控制人行为的内部成本 C_{in} 虽然与现金流权、控制权相关，但与两权分离度无直接的关系，因而 C_a 与 C_b 线相对于两权分离度这一横轴

而言为两条高于 C_{out} 的直线。在突破 C_a 与 C_b 线之前，ΔU_a 与 ΔU_b 各自等于零。即从实际控制人为理性人的基本假设出发,只有在资源转移行为的收益大于可能为此行为买单的成本时,终极控股股东才会最终做出该行为。对整个市场而言,资源转移行为(侵占或支持)不再是普遍现象,而且成本越高,资源转移行为越少,这也符合现实观察和部分学者的实际研究。

根据上述定义,可以把 C_a 与 C_b 线定义为终极控股股东的行为停止线,在其资源转移行为的潜在效用小于成本时,终极控股股东的资源转移行为不会发生。而资源转移的潜在收益一旦超过成本,无论是 A 公司还是 B 公司的实际控制人,将倾向于通过金字塔结构转出上市公司资源,从而导致侵害行为的出现。当资源转出或侵害行为达到一定程度后,由于资源稀缺导致上市公司资源边际效应逐渐提高,从而实际控制人将停止侵占,甚至"反向支撑"上市公司。

3.3.2 简单的结论

通过上述简单的模型演绎可以初步得出如下结论:

第一,金字塔结构与控股股东对上市公司的掏空或支持存在关联。金字塔结构由于其独特的链条控制以及两权分离的特点,导致终极控制人对上市公司的所有权和控制权不相匹配,容易出现以较小的所有权实现更大控制权的状况,从而会产生对其他中小股东的第二类代理成本问题,可能会出现终极控股股东为追求个人效用最大化而侵占或支持上市公司的行为。

第二,现金流权对终极控制人行为有双重的影响。一方面,终极控股股东如果对上市公司拥有更高的现金流权,根据本章 3.1 节的分析,终极控股股东与公司利益具有更高的一致性,而且不倾向于掏空(将资源转出)上市公司。另一方面,现金流高往往意味着终极控股股东拥有更高的控制权,通过董事会、股东大会、经理人任免等机制对控股股东的行为约束会相应减少,即控股股东行为的内部成本会减小,从而增加其对上市公司资源转移的可能性。

第三，两权分离度高的上市公司，终极控股股东更倾向于掏空上市公司，从而会导致上市公司市场价值下降，从而推出一个推演结论，即两权分离度与上市公司价值呈反向变动关系。

第四，外部法律制度、市场发达程度及内部公司治理等因素，会对上市公司终极控股股东的掏空或支持行为形成有力制约。而且，在法律体系越完备，证券、商品、经理人市场越发达的国家，以及内部监督机制越完善、内部控制体系越完备的上市公司，其所在区域或其所对应的公司更加不易于发生对上市公司的掏空或支持现象，也就是说上市公司运作越发公开透明，从而在外部市场冲击来临时，这些公司的绩效表现往往波动更加剧烈，即公司绩效变动与控股股东侵占或支持上市公司行为面临的内外部成本呈正向变动关系。

上述四个结论，也将构成后续第 4 章、第 5 章、第 6 章、第 7 章需要验证的基本理论。

第4章　金字塔控股结构对公司价值影响的实证分析

第3章的理论模型表明，由于金字塔结构的存在，会使得实际控制人对上市公司产生将资源转出（掏空）或资源注入（“支撑”）的行为动机，从而导致公司价值或公司绩效随着减少或增加。一般情况下，金字塔控股结构所具有的现金流权与控制权相偏离（以下简称两权分离）的特征，会使实际控制人在多数情况下采取掏空行动，从而降低公司的价值。本章的核心是以中国金属行业A股上市公司为样本，考察金字塔控股结构两权分离的特征对中国金属行业上市公司价值的影响是否存在？如果存在，金字塔控股结构的不同特征（比如终极控制人的性质、控制层级、是否交叉持股、股权集中度等）会对上市公司价值产生什么样的影响？

4.1　样本选择、模型与变量设定

4.1.1　数据来源、样本选择

本章以中国金属行业A股上市公司为样本，研究样本的选择期间为2007～2011年。研究数据有几个来源，通过上市公司年报手工查询金字塔控股结构的特征数据（包括终极控制人的控制权比例、现金流权比例并计算了控制权与现金权的分离程度、终极控制人的性质、控制层级长度、是否交叉持股等），上市公司的其他财务数据（包括资产负债率、主营业务收入增长率、资产收益率、公司成立日期等）来自Wind数据库。

截至 2012 年底，A 股钢铁和有色行业一共有 124 家上市公司。在样本选择过程中，剔除了 2012 年上市的 6 家公司，包括洛阳钼业、新华龙、红宇新材、银邦股份和宜安科技；然后，剔除了在 2007～2011 年年报中不能完整追溯终极控制人的样本公司，还剔除了一些变量出现异常值的样本观测值，最终的样本包括 117 家上市公司、485 个“公司-年度”非平衡面板(unbalanced panel)数据。①

4.1.2　变量设定

(一) 计量方法

本章采用 Stata12.0 分析软件，运用面板数据回归模型来实证检验金字塔控股结构两权分离等特征对中国金属行业上市公司价值的影响。面板数据模型有固定效应模型(fixed effects model)和随机效应模型(random effects model)两种方法。固定效应模型是把样本数据中对横截面个体不可观测的影响或对时间序列不可观测的影响作为未知的确定常数进行估计，随机效应模型则把对横截面个体或时间序列不可观测的影响作为未知的随机变量进行估计。本章采用 Hausman 检验对固定效应模型和随机效应模型进行选择，如果 Hausman 检验拒绝原假设，则应选择固定效应模型；如果不能拒绝原假设，则应选用随机效应模型。

本章采用非平衡面板数据来进行实证检验，原因在于，从理论上来看，非平衡面板数据模型既可避免简单混合数据横截面回归模型固有的样本自相关问题，也可避免平衡面板数据模型的样本选择偏差问题；从研究样本自身来看，每个公司具体在哪一年上市不是由上市公司决定的，具有一定的随机性，这也决定了观测值的非平衡性。

(二) 变量设定

1. 被解释变量：公司价值变量

托宾 Q 值定义为企业资产的市场价值与重置成本的比率。在实证研

① 面板数据是指在一段时间内跟踪同一组个体的数据。面板数据通常包括平衡面板数据和非平衡面板数据两类，平衡面板数据结构中的个体数量在不同的时间段上都是相同的，非平衡面板数据结构中的个体数量在不同时间段上都不相同。

究中,托宾Q值是国内外研究中普遍采用的测度公司价值的方法,其理论基础为公司股票的市场价值是公司未来现金流量的折现值,托宾Q值越大代表公司未来的业绩会越好,意味着投资者预期公司将迅速成长,因而更愿意向该公司投资。因此,托宾Q值是前瞻性的指标,体现公司的未来价值和公司的成长性。

由于公司重置成本没有固定的统计口径,国内外学者对此问题的研究大多采用总资产的账面价值或者上市公司年末总资产来替代重置成本,如克莱森斯等(Claessens et al., 2002)、拉伯塔等(La Porta et al., 2002)、郎咸平(2002)等。

对于中国上市公司而言,因为存在流通股与非流通股的区别,流通股的价值可以通过股票的市场价格得以体现,而非流通股价格的确定要困难得多。因此,在计算托宾Q值时,需要对其进一步调整。非流通股的定价主要有两种方法。一种是采用每股净资产来定价,比如李志文(2001)、郎咸平(2002)、苏启林等(2003,2004)、王华和黄之骏(2006);第二种方法按照流通股的折价来度量非流通股价格,该方法是根据相关研究结果确定的。在实证研究中,通常把A股交易价格的20%～30%作为相应的非流通股的转让价格。如宋敏、张俊喜和李春涛(2004),白重恩等(2005),李汉军和张俊喜(2006),王鹏和周黎安(2006)等均采用该定价方法。本章采用流通股的折价对非流通股的价值进行计算,同时采用流通股的每股净资产来计算非流通股的价值并进行稳健性检验。

具体来看,上述两种托宾Q值(TobinQ)的计算公式分别为:

TobinQ(30%的折价)

=(年末流通股市场价值+年末每股收盘价×年末流通股股数×0.3+年末负债总额)/年末总资产账面价值 (4.1)

TobinQ(按照每股净资产计算)

=(年末流通股市场价值+年末每股净资产×年末非流通股股数+年末负债总额)/年末总资产账面价值 (4.2)

2. 解释变量：与金字塔结构的特征变量

(1) 终极控制人控制权与现金流权的确定与计算

关于金字塔结构的终极控制人，本书前面章节中已介绍了国内外学者对此概念的界定。一般而言，金字塔结构的终极控制人是指通过单链条或多链条的多层股权控制关系，通过少数的现金流权投入而实现对上市公司控制的个体。金字塔结构的终极控制人一般按照层层追溯的原则进行确认，首先确认上市公司是否存在直接的控制人(拥有控制权的大股东)，如果存在，该控股股东是否具有上一层级的控制人？也就是位于上市公司之上第二个层级的实际控制人，如果存在，继续类推，一直到该层级的实际控制人上面不再存在更高的控制人，那么该层级控制人就是上市公司的最终控制人。

本章按照拉伯塔等(La Porta et al.，1999，2002)提出的 WLP 原则(the weakest-link principle)来确定终极控制人的控制权，该原则在后来的研究中被广泛采用，如法乔等(Faccio et al.，2001，2002)、克莱森斯等(Claessens et al.，2000，2002)。终极控制人是通过控制链条来实施对上市公司的控制的。金字塔控股结构分为单链条金字塔控股结构和多链条金字塔控股结构两种类型。如果终极控制人构建金字塔控股结构对末端上市公司的控制是经由单一控制链条实现的，则成为单链条金字塔控股结构；反之，如果是通过多重控制链条实现的，则称为多链条金字塔控股结构。

所谓 WLP 原则，是指在每一条垂直的金字塔控制链条中，终极控制人拥有的控制权不是该控制链条的加总或平均值，而是该控制链条中不同层级中终极控股股东持股比例的最小值；但如果终极控制人在金字塔结构中通过多链条实现对上市公司的控制，其控制权则为多链条中最低持股比例之和。在图 4-1 中，江苏常宝钢管股份有限公司的实际控制人为曹坚，曹坚是通过两个链条来对江苏常宝钢管股份有限公司实施控制的。(1) 间接控制链条。曹坚拥有江苏常宝投资发展有限公司 51.44%的股份，而江苏常宝投资发展有限公司拥有江苏常宝钢管股份有限公司 12%的股份；(2) 直接控制链条。曹坚直接持有江苏常宝钢管股份有限公司

28.46%的股份。那么,曹坚作为终极控制人拥有江苏常宝钢管股份有限公司的控制权等于51.44%与12%的最小值然后再加上28.46%,即min(51.44%,12%)+28.46%=40.46%。

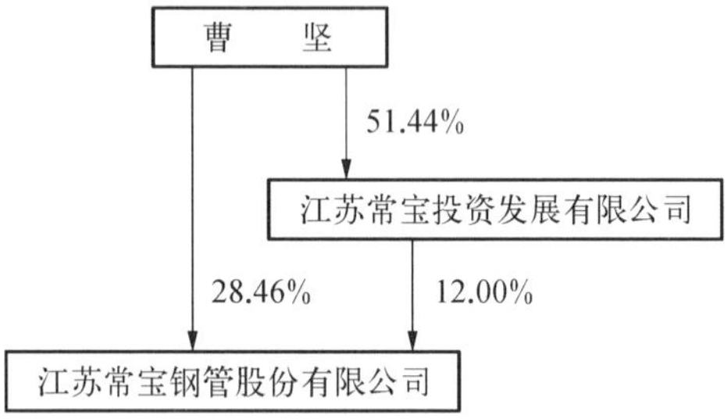

图4-1 江苏常宝钢管股份有限公司实际控制人情况

为了保证终极控制人对上市公司的有效控制,对于控制权的选择存在一定的最低标准,本章采用普遍接受的标准,终极控制人对上市公司的控制权比例至少在10%以上。

现金流权是指终极控制人按其实际投入公司的资本占总资本的比例,也意味着该股东拥有与现金流权相对应的剩余索取权,即终极控制人的所有权;与控制权一样,终极控制人的现金流权包括直接现金流权和间接现金流权。直接现金流权是指终极控制人不通过其他公司直接拥有的上市公司股份,间接现金流权是指终极控制人通过控制其他公司而间接拥有的对上市公司的股份。在计算方法上,单链条金字塔控股结构中,终极控制人拥有的现金流权是其在每条控制链中各层级持股比例的乘积;而如果金字塔结构的终极控制人通过多链条控制上市公司,其现金流权则为其所控制的各链条中持股比例乘积之和。在图4-1中,曹坚作为终极控制人拥有江苏常宝钢管股份有限公司的现金流权为51.44%×12%+28.46%=34.63%。

(2) 两权分离度

衡量控制权和现金流权的分离程度有两种方法,一种是差法,即两权分离度=控制权-现金流权;另一种是商法,即两权分离度=控制权/现金流权。比如在图4-1中,以差法来衡量江苏常宝钢管股份有限公司的两权分离度为 40.46％－34.63％＝5.83％，用商法来衡量则为 40.46％÷34.63％＝1.17。根据第 3 章理论模型的结论，两权分离度越高，公司价值越低。

(3) 金字塔结构的层级

在金字塔控股结构中，终极控制人位于金字塔控股结构的最顶端，所研究的上市公司处于最低端，位于两者之间的一系列公司都为中间层次的公司。终极控制人直接或间接控制上市公司的控制链可能有多条，在实践中也经常可以观察到。本章对控制层级的定义采用终极控制人距离上市公司最长的一条，以该条控制链条上中间公司的层级数量为金字塔的控制层级。例如，终极控制人直接控制上市公司则控制层级为 0，也就是非金字塔控股结构；如果终极控制人与上市公司之间存在一家公司，控制层级为 1，也就是该公司属于一层金字塔结构，以此类推。显然，在图 4－1 中，控制层级为 1。

(4) 交叉持股

交叉持股，又称相互持股或交互持股，是指在不同的公司之间互相参股，以达到某种特殊目的的现象。它的一个主要特征是，甲持有乙的股权；乙持有丙的股权；丙又持有甲的股权……克莱森斯(Claessens, 2000)将终极控制人通过多元控制链条所有的结构定义为交叉持股结构(cross-holding)。

拉伯塔等(La Porta et al., 1999)指出交叉持股也是催生控制权和现金流权分离的重要原因之一。典型的交叉持股如图 4－2 所示，甲公司持有乙公司 20％的股份，乙公司持有丙公司 30％的股份，而丙公司又持有乙公司 20％的股份。

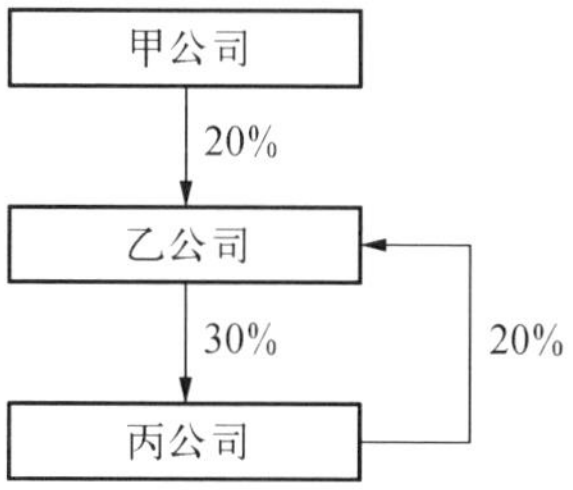

图 4－2　交互持股

3. 控制变量

除了上述研究变量，在模型中加入已经被证实对公司价值产生影响的变量。

(1) 上市公司的规模

一般而言，公司规模与上市公司的价值有关联性，比如相比较规模大的公司，规模小的公司具有更好的发展前景和成长预期。公司规模越大，业务模式趋于成熟，增长乏力，因而其公司价值越低。同时，公司规模越大，往往意味着该公司有更强的能力应对市场变动的挑战，尤其对于金字塔结构的公司而言，上市公司往往有与之业务相关或分处于产业链不同链条的其他兄弟企业，这一点在大型上市公司中更为常见，也有学者曾通过实证分析得出存在具有业务协同效应的兄弟企业，该上市公司往往估值更高。因此，预期公司规模对公司价值会出现两种方向的影响，而结合来看，我们倾向于认为规模越小的公司有更高的成长性预期这一效应更强，因此公司价值与规模更可能出现反向变动关系。本章中用每年末总资产的对数(lnasset)表示公司规模。

(2) 资产负债率

资产负债率是反映公司负债能力的指标。公司财务理论表明，经营状况好的公司倾向于选择债务融资方式；反之，公司债务融资在资本结构中占的比例越高，公司能够较好地利用财务杠杆的好处，往往其市场表现越好。一般说来，债务融资占比越高的上市公司，其市场价值也越高。麦康奈尔和瑟维斯(McConnell & Servaes, 1995)等认为债务融资越多，债权人越有动力关注公司经营，进而有助于减少委托—代理问题。因此，资产负债率与公司价值正相关。

(3) 主营业务收入增长率

拉伯塔等(La Porta et al., 2002)和克莱森斯(Claessens, 2002)认为，成长性好的公司，价值也越大。国外研究中用于衡量公司成长性的指标有研发费用与销售收入的比例、资本性支出与销售额的比例等。在我国，考虑到研发费用、资本性支出费用等数据较难收集，国内学者大多采用主营业务收入增长率、总资产增长率、净资产增长率等指标衡量公司成长能力。本章以主营业务收入增长率表示公司成长性的指标。

(4) 总资产收益率

总资产收益率是反映公司盈利能力的指标。总资产收益率将资产负债表、损益表中的相关信息有机结合起来，是上市公司运用其全部资金获取利润能力的集中体现，反映了资产利用的综合效果。本指标剔除了财务杠杆对收益率的影响,可用于同行业不同公司间的盈利能力比较。总资产收益率越高,市场表现越好,公司价值越高。即总资产收益率与公司价值正相关。

(5) 股权制衡度

股权制衡是指股东对上市公司全部股权的分配持有情况,公司一大特点就是通过股权分散和内部牵制,使得任何一个大股东都无法实现对公司100%的控制,从而提高决策的民主性。而大股东之间的互相牵制,可以达到大股东之间相互监督的效果,这样的安排模式既能保留股权相对集中的优势以确保决策及时作出,又能有效抑制大股东对上市公司利益无节制、无监督的侵害。一般而言,股权制衡程度过高,容易造成对上市公司价值的下降。这是因为股权制衡度如果过高,大股东之间的相互监督带来的利益增加,会难以抵消由此产生的矛盾冲突和内部权力斗争,导致公司决策效率大幅降低,从而导致公司价值下降。从另一个角度来看,股权制衡的程度如果过高,意味着控股股东与上市公司的利益一致性减弱,从而引发大股东参与公司治理的有效激励不足。而如果大股东参与公司治理的热情降低,会使得经理层权限相对放大,进一步提升上市公司的代理成本,在长期内同样会导致上市公司价值的下降。

本章以上市公司第二至第十大股东所持上市公司股份总和与上市公司第一大股东所持股份的比值来衡量股权制衡度,计算公式如下:

$$share = (\sum topi)/top1(i = 2, 3, 4 \cdots\cdots 10) \quad (4.3)$$

其中,$topi$ 为第 i 大股东在公司中的持股比例。

4. 年度控制变量

考虑到宏观经济状况可能影响公司业绩,加之市场环境以及上市公司表现的年度差异是客观存在的,进而对公司价值产生影响。尤其在样本企业的考察期,爆发了金融危机,而且各国在危机后出台了大规模的经济刺激计划,从而使证券市场的波动剧烈,有必要对年度变量单独考量。而且从计量研究方法来看,加入年份虚拟控制变量能够解决面板数据不同年份间出现的残差问题。为了控制不同年份经济政策和宏观经济形势的变化对公司价值产生年度间的差异以及变量在不同年份间存在整体上的差异，本章以 2007 年度为参照年，在模型中设置 Year2008、Year2009、Year2010 和 Year2011 为年度控制变量。

4.1.3 模型构建

根据以上分析，为了检验金字塔控股结构两权分离的特征对我国金属行业上市公司价值的影响，本章采用的回归方程模型设定如下：

$$\begin{aligned} TobinQ_{it} = {} & \alpha_i + \beta_1 \times concashd_{it} + \beta_2 \times chain_{it} + \beta_3 \times ih_{it} + \\ & \gamma_1 \times lnasset_{it} + \gamma_2 \times dar_{it} + \gamma_3 \times gmbr_{it} + \gamma_4 \times roa_{it} + \\ & \gamma_5 \times share_{it} + \delta_1 \times Year2 + \delta_2 \times Year3 + \delta_3 \times Year4 + \\ & \delta_4 \times Year5 + \varepsilon_{it} \end{aligned} \tag{4.4}$$

其中 α_i 为个体异质性，ε_{it} 为特异性误差，其他指标的含义如下表所示：

表 4-1 变量定义表

	变 量 名	符 号	确定和计算方法
被解释变量	TobinQ(30%的折价)	TobinQ	见 4.1 式
	TobinQ(按照每股净资产计算)	TobinQa	见 4.2 式
解释变量	控制权与现金流权的分离度(差法)	concashd	控制权－现金流权
	控制权与现金流权的分离度(商法)	concashr	控制权÷现金流权
	金字塔结构的层级	chain	最长控制链的层级数
	交叉持股	ih	如果存在交叉持股现象，则 ih=1；如果不存在交叉持股现象，则 ih=0

续　表

	变量名	符　号	确定和计算方法
控制变量	规模变量	lnasset	每年年末总资产的对数值
	资产负债率	dar	总负债与总资产的比值
	主营业务收入增长率	gmbr	主营业务收入增长率＝(本期主营业务收入－上期主营业务收入)÷上期主营业务收入
	总资产收益率	roa	息税前利润×2/(期初总资产＋期末总资产)×100％
	股权制衡度	share	见 4.3 式
年度控制变量	Year2008	Year2	当样本公司属于 2008 年时，Year2＝1；否则，Year2＝0(以 2007 年为参照)
	Year2009	Year3	当样本公司属于 2009 年时，Year3＝1；否则，Year3＝0(以 2007 年为参照)
	Year2010	Year4	当样本公司属于 2010 年时，Year4＝1；否则，Year4＝0(以 2007 年为参照)
	Year2011	Year5	当样本公司属于 2011 年时，Year5＝1；否则，Year5＝0(以 2007 年为参照)

本章采用差法计算的两权分离度(concashd)与按照流通股折价对非流通股价值进行计算的托宾 Q 值来进行实证检验，同时采用商法计算的两权分离度(concashr)与按照每股净资产计算非流通股价值的托比 Q 值来进行稳健性检验。

4.2　实证结果及分析

4.2.1　样本描述性统计

从被解释变量来看，样本公司 TobinQ、TobinQa 的均值分别为 1.849、1.787。该结论与众多学者的研究结果基本一致，如郎咸平(2002)对我国上市公司计算的 TobinQ 均值为 1.78，王鹏、周黎安(2005)计算的

TobinQ、TobinQa 的均值分别为 1.515 6、1.509 5。TobinQ、TobinQa 的标准差分别为 1.216、1.043，最大值分别为 9.489、8.765，最小值分别为 0.597、0.743。如表 4-2 所示。从标准差以及最大值与最小值之间的差距可以初步判断，金属行业上市公司之间的价值存在较大差异。关于金属行业上市公司价值差异较大，至少有如下原因：

表 4-2 变量描述性统计

变量名		均值	标准差	最小值	最大值
被解释变量	TobinQ	1.849	1.216	0.597	9.489
	TobinQa	1.787	1.043	0.743	8.765
解释变量	concashd	7.506	10.624	0	51.11
	concashr	1.427	0.851	1	6.543
	chain	1.445	1.243	0	10
控制变量	lnasset	12.962	1.555	9.112	16.956
	dar(%)	54.662	19.954	1.478	140.567
	gmbr(%)	22.702	39.365	−97.503	321.119
	roa(%)	8.206	8.489	−28.049	68.358
	share(%)	50.256	55.269	1.214	443.797

第一，商品类别不同。金属行业大致可分为黑色金属(钢材、铁矿石、铁合金等)、有色金属(铜、铝、铅锌、镍、钨、稀土等)两大类。从 2007～2011 年样本观测期看，不同主营商品的市场表现差异巨大。整体而言，黑色金属商品由于产能过剩，整体业绩表现较之有色金属相对较差；而在有色金属中，铜、铝、铅锌、镍等基本大宗金属价格涨幅有限，而钨、稀土由于我国出台了生产指标和出口配额，市场价值在几年中大幅提升，比如 2011 年一年之内，部分稀土商品价格上涨近 10 倍之巨，大幅提高了稀土相关企业的盈利水平，而且带来了更高的市场估值。①

第二，产业链环节的差异。我国金属行业盈利能力在不同产业链环节

① 关于稀土类上市公司估值的快速提升，可明显体现于中国上市公司中，尤其在 2011、2012 年市场一度热炒稀土概念，使稀土类上市公司市盈率指标大幅高于钢铁类上市公司，以及大宗有色商品上市公司。

表现的差异巨大。结合 2007～2011 年实践情况，上游矿产资源类企业盈利能力显著高于中游生产冶炼类上市公司，下游精深加工产业略好于中游生产冶炼企业，这也主要是我国金属行业产业结构不平衡的产物。①

从解释变量来看，以差法计算的两权分离度（concashd）的均值和标准差分别为 7.506、10.624，而以商法计算的两权分离度（concashr）的均值和标准差分别为 1.427、0.851。从两者最值来看，样本上市公司之间的两权分离度差异较大。平均的控制层级为 1.445，最大控制层级为 10。

从控制变量来看，公司规模的均值和标准差分别为 12.962、1.555，最大值和最小值分别为 16.956、9.112，数据表明有色金属行业上市公司的规模比较稳定，波动性小。与之相反，资产负债率、主营业务收入增长率和总资产报酬率的波动性较大，标准差分别为 19.954、39.365 和 8.489。样本上市公司资产负债率的均值为 54.66%，主营业务收入增长率的均值为 22.7%，总资产报酬率的均值为 8.2%。股权制衡度的均值为 50.256%。

上市公司的规模相对稳定，不仅与企业自身发展情况相关，而且与并购市场、证券市场的活跃程度相关，表明我国并购市场与证券市场活跃性不强。主营业务收入增长率均值达 22.7%，表明我国金属类上市公司在 2007～2011 年获得了飞速发展，这与金融危机后我国政府推出的大规模经济刺激计划和新增投资有关，也符合实践观察。而 2～10 名大股东持股综合与终极控股股东股权相当，相较于英美等国中股权分散的股权结构，表明在我国终极控股股东对上市公司有很强的控制力和现金流权。

4.2.2 实证结果及分析

（一）全部样本公司回归结果分析

通过 Hansman 检验来确定计量经济模型中涉及的非观测因素（α）是

① 关于我国金属行业产业链不平衡的情况，具体而言，整体处于“两头大、中间小”的纺锤形结构。我国钢铁、铜铝等大宗金属冶炼能力已连续多年位居世界第一，而资源对外依赖严重，比如铁矿石、铜矿石、铝土矿大约 50%以上均需要依赖进口，导致矿产品价格暴涨，冶炼产能过剩和恶性竞争导致盈利能力低下。

固定效应还是随机效应。检验结果显示 P 值为 0.215 2,故不能拒绝原假设,应采用随机效应模型。

采用随机效应,且使用聚类稳健的标准差,得到如下结果:

表 4-3 全部样本公司回归结果

	被解释变量:TobinQ			
	(1)	(2)	(3)	(4)
concashd	−0.009* (0.005)	−0.016** (0.007)	−0.015** (0.007)	−0.013* (0.007)
chain		0.105* (0.059)	0.145** (0.068)	0.138** (0.059)
ih			0.270 (0.173)	0.330* (0.173)
lnasset	−0.378*** (0.045)	−0.391*** (0.047)	−0.397*** (0.047)	−0.404*** (0.051)
dar	0.008** (0.004)	0.007* (0.004)	0.007* (0.004)	0.006 (0.004)
gmbr	0.001 (0.001)	0.002 (0.001)	0.002 (0.001)	0.002 (0.001)
roa	0.039*** (0.008)	0.039*** (0.008)	0.039*** (0.008)	0.029*** (0.008)
share	−0.002** (0.001)	−0.002** (0.001)	−0.002* (0.001)	−0.002** (0.001)
year2				−1.095*** (0.113)
year3				−0.016 (0.103)
year4				0.141 (0.131)
year5				−0.545*** (0.101)
constant	6.294*** (0.680)	6.378*** (0.684)	6.161*** (0.664)	6.677*** (0.723)

续　表

	被解释变量：TobinQ			
	(1)	(2)	(3)	(4)
observations	485	485	485	485
number of id	117	117	117	117

注：括号中为稳健性的标准差，*** 表示检验在 1%水平下显著，** 表示检验在 5%水平下显著，* 表示检验在 10%水平下显著。

从表 4　3 可以看出，除模型(4)之外，模型(1)～(3)是未包括年度控制变量的模型。

模型(1)在控制了相关变量以后，主要关注两权分离度(concashd)对托宾 Q 值(TobinQ)的影响。结果表明，在 10%的显著性水平下，样本上市公司两权分离度与公司价值存在显著的负相关关系，这与国内外多数学者的研究结论一直，且符合第 3 章理论模型的基本阐释。关于控制变量回归系数的系数符号均与上面所阐述的公司财务方面的理论相一致。除了主营业务收入增长率对公司价值的影响不显著外，其他财务指标都通过了检验，如规模变量(lnasset)、总资产报酬率(roa)分别在 1%的显著性水平下与公司价值呈负相关、正相关的关系；而股权制衡度(share)在 5%的显著性水平下与公司价值负相关。

模型(2)在模型(1)的基础上，引入金字塔控制层级的解释变量进行实证检验。结果表明，虽然在 10%的显著性水平下，金字塔控制层级与公司价值呈正相关关系。但是引入 chain 这一解释变量后，被解释变量 TobinQ 的回归系数明显低于模型(1)的回归系数，而且在 5%的水平下显著。其他控制变量的结论与模型(1)基本一致。

模型(3)在模型(2)的基础上，进一步引入是否交叉持股作为解释变量进行实证检验。结论表明，交叉持股这一现象对公司价值没有显著的影响。其他变量的回归系数与模型(1)、(2)的结论基本一致。

模型(4)引入了年度虚拟变量，考察不同年份对公司价值的影响。从结果来看，与 2007 年相比较，2008 年和 2011 年的公司价值明显要低，尤其是 2008 年，公司价值下降了 1.095。这一结论与 2008 年世界经济形势相吻合。2008 年美国次贷危机全面爆发,在极短的时间内席卷全球,我国也不例外。作为提供基础能源化工材料生产和加工的有色金属行业具有典型的顺经济周期的特征。经济危机形势下,公司经营业绩下降是必然的趋势,反映在市场上必然表现为股价下跌,公司价值下降。2011 年,美国次贷危机和欧债危机叠加的效果使得全球经济形势二次探底的风险加大,我国也出现经济形势下滑的态势,这与该年度有色金属行业样本上市公司价值下降的实证结果一致。在模型(4)中还发现,引入年度控制变量以后,交叉持股现象在 10%的显著性水平下,会对公司价值产生正向的影响。

总之,模型(1)～(4)的结论一致表明,两权分离度与公司价值存在显著的负相关关系,而控制层级、交叉持股与公司价值呈正相关关系。控制变量的符号和系数相差不大,基本符合公司财务的理论。

(二) 分类样本公司回归结果分析

实际控制人性质的不同,对上市公司价值的影响也存在差异。因此,对于我国上市公司终极控制人性质与公司价值的研究,也成为国内金字塔控股结构研究的一个重要特点。王力军(2008)研究结果表明,实际控制人为国有和民营企业,对上市公司绩效而言并没有显著不同;但对于国有企业而言,随着政府层级的上升,上市公司绩效一般会提高;在民营上市公司中,通过金字塔控制上市公司不利于公司绩效。王鹏、周黎安(2006)研究结论则略有不同,他们发现控股股东为国有控股上市公司时其公司价值更高。伯克曼等(Berkman et al., 2005)通过对中国市场上市公司的研究,得出当上市公司为国有控股时,小股东利益可能被更少的侵占。类似的结论在对捷克与俄罗斯的上市公司的研究中也被发现(Black et al., 2000; Coffee, 1999)。

针对上述研究结论,结合有色金属行业的特点,本章将最终控制人性质分为三类:(1) 国务院国有资产监督管理委员会,即中央企业所属上市公司;(2) 地方国有资产监督管理委员会及各级地方政府,即地方国企所属上市公司;(3) 自然人、国内企业法人及外资企业等,即非国企所属上市公司。

从统计描述来看,与实际控制人为各级国有资产监督管理委员会的样本相比较，自然人、国内企业法人及外资企业样本的两权分离度均值更高，且波动性更大，见表 4－4。这与国内外现有研究结论相符，即自然人或家族更细化采用金字塔控股结构实现以较小的现金流权获取更大的控制权目的。

表 4－4　分样本两权分离度的描述性统计

变　量　名		国务院国资委样本	地方国资委样本	自然人、企业法人样本
concashd	均　值	6.009	4.753	11.871
	方　差	9.325	7.712	12.98
	最小值	0	0	0
	最大值	36.866	39.25	51.11
concashr	均　值	1.209	1.36	1.754
	方　差	0.752	0.464	1.153
	最小值	1	1	1
	最大值	5.838	5.612	6.543

在对实际控制人进行分类的基础上，分样本进行回归，以探讨实际控制人性质的不同对金属行业上市公司价值的影响。回归结果如下表所示：

表 4－5　分样本回归结果

	被解释变量：TobinQ		
	国务院国资委样本	地方国资委样本	自然人、企业法人样本
concashd	−0.001 (0.015)	0.003 (0.011)	−0.019* (0.010)
chain	0.108 (0.154)	−0.295 (0.185)	0.197* (0.104)
ih	0.677* (0.347)	−0.651** (0.317)	0.321 (0.201)
lnasset	−0.453*** (0.092)	−0.376*** (0.079)	−0.441*** (0.078)
dar	0.022** (0.010)	−0.009* (0.005)	0.008* (0.004)

续 表

	被解释变量：TobinQ		
	国务院国资委样本	地方国资委样本	自然人、企业法人样本
gmbr	0.000 (0.004)	0.003 (0.002)	0.000 (0.003)
roa	0.069*** (0.014)	0.032** (0.013)	0.028 (0.018)
share	0.007*** (0.002)	0.000 (0.003)	−0.002 (0.001)
constant	5.580*** (0.980)	8.089*** (1.273)	6.601*** (1.167)
observations	83	235	167
number of id	22	53	57

注：括号中为稳健性的标准差，*** 表示检验在 1%水平下显著，** 表示检验在 5%水平下显著，* 表示检验在 10%水平下显著。

表 4－5 的结果表明，只有在实际控制人为自然人或者普通企业法人样本中，两权分离度才与公司价值呈现显著的负相关关系，这一结论与王鹏、周黎安（2006）以及罗党论、唐清泉（2008）的研究结论一致。关于这一结论的现实解释将在第 6 章详细展开。

而终极控制人性质的不同对于资产规模与公司价值的负相关性的影响并不明显。央企所属资产负债率的提高，相对于地方国企和非国企所属上市公司而言，对公司价值的正向影响更加明显。2007～2011 年，国家基于金属行业分散经营的情况，力推依托骨干央企加速行业整合。因此，国企负债率的提高很大原因是兼并重组行为的多发，证券市场对兼并重组行为往往会给予更高的估值预期，从而导致央企资产负债率提升与公司价值增长的正相关关系更加显著。通过表 4－5，同样可发现央企、地方国企所属上市公司总资产收益率与公司价值显著正相关，非国企上市公司则不显著。这也与我国金属行业的实际运行情况相关，因为央企所属上市公司往往是行业骨干，规模巨大，明显高于地方国企所属上市公司，其盈利能力的高低与公司价值的相关性更加明显。对非国企上市公司而言，一定程度上股价的变动主要基于相关概念的炒作，与公司绩效表现并非紧密关联，也从侧面反映了我国证券市场的不成熟。

4.2.3　稳健性检验

本章采用商法计算的两权分离度(concashr)与按照每股净资产计算非流通股价值的托宾 Q 值(TobinQa)来进行稳健性检验。

(一) 更换被解释变量

用按照每股净资产计算非流通股价值的托宾 Q 值(TobinQa)替代按照流通股折价对非流通股价值进行计算的托宾 Q 值(TobinQ)，重新对以上的实证检验进行分析，回归结果如下表所示：

表 4 - 6　以 TobinQa 为被解释变量的全样本回归结果

	(1)	(2)	(3)	(4)
concashd	−0.008* (0.004)	−0.014** (0.006)	−0.013** (0.006)	−0.012** (0.006)
chain		0.100** (0.050)	0.127** (0.056)	0.118** (0.049)
ih			0.180 (0.149)	0.240 (0.155)
lnasset	−0.308*** (0.040)	−0.320*** (0.041)	−0.324*** (0.042)	−0.340*** (0.046)
dar	0.005 (0.003)	0.004 (0.003)	0.004 (0.003)	0.004 (0.003)
gmbr	0.001 (0.001)	0.002 (0.001)	0.002 (0.001)	0.002* (0.001)
roa	0.026*** (0.006)	0.026*** (0.006)	0.026*** (0.006)	0.021*** (0.006)
share	−0.002** (0.001)	−0.002** (0.001)	−0.002* (0.001)	−0.002** (0.001)
year2				−0.772*** (0.090)

续 表

	(1)	(2)	(3)	(4)
year3				0.138 (0.086)
year4				0.277** (0.117)
year5				−0.296*** (0.083)
constant	5.535*** (0.608)	5.619*** (0.609)	5.476*** (0.586)	5.842*** (0.634)
observations	485	485	485	485
number of id	117	117	117	117

注：括号中为稳健性的标准差，*** 表示检验在 1%水平下显著，** 表示检验在 5%水平下显著，* 表示检验在 10%水平下显著。

表 4－7　以 TobinQa 为被解释变量的分样本回归结果

	国务院国资委样本	地方国资委样本	自然人、企业法人样本
concashd	−0.000 (0.013)	0.001 (0.009)	−0.017** (0.009)
chain	0.047 (0.135)	−0.243* (0.126)	0.172* (0.088)
ih	0.435 (0.279)	−0.602** (0.251)	0.203 (0.169)
lnasset	−0.377*** (0.064)	−0.320*** (0.074)	−0.354*** (0.068)
dar	0.017** (0.008)	−0.009** (0.004)	0.005 (0.004)
gmbr	−0.001 (0.004)	0.002 (0.002)	0.001 (0.002)
roa	0.056*** (0.013)	0.022** (0.010)	0.012 (0.017)
share	0.005*** (0.002)	−0.001 (0.002)	−0.002 (0.001)

续　表

	国务院国资委样本	地方国资委样本	自然人、企业法人样本
constant	5.162*** (0.764)	7.270*** (1.149)	5.812*** (1.046)
observations	83	235	167
number of id	22	53	57

注：括号中为稳健性的标准差，*** 表示检验在 1%水平下显著，** 表示检验在 5%水平下显著，* 表示检验在 10%水平下显著。

表 4－6 和表 4－7 的回归结果与前面的实证结论基本一致。

（二）更换主要解释变量：两权分离度

本章用商法计算的两权分离度（concashr）代替用差法计算的两权分离度（concashd），重新对以上的实证检验进行分析，回归结果如下表所示：

表 4－8　以 concashr 为主要解释变量的全部样本回归结果

	被解释变量：TobinQa			
	(1)	(2)	(3)	(4)
concashr	−0.054 (0.036)	−0.099** (0.044)	−0.102** (0.045)	−0.101** (0.046)
chain		0.063 (0.043)	0.106** (0.054)	0.102** (0.046)
ih			0.231 (0.154)	0.288* (0.160)
lnasset	−0.304*** (0.040)	−0.310*** (0.040)	−0.317*** (0.041)	−0.335*** (0.045)
dar	0.004 (0.003)	0.004 (0.003)	0.004 (0.003)	0.003 (0.003)
gmbr	0.001 (0.001)	0.001 (0.001)	0.001 (0.001)	0.002 (0.001)
roa	0.026*** (0.006)	0.026*** (0.006)	0.025*** (0.006)	0.021*** (0.007)
share	−0.002** (0.001)	−0.002** (0.001)	−0.001 (0.001)	−0.002** (0.001)

续　表

	被解释变量：TobinQa			
	(1)	(2)	(3)	(4)
year2				−0.776*** (0.091)
year3				0.135 (0.088)
year4				0.278** (0.119)
year5				−0.293*** (0.084)
constant	5.522*** (0.612)	5.589*** (0.610)	5.427*** (0.576)	5.809*** (0.626)
observations	485	485	485	485
number of id	117	117	117	117

注：括号中为稳健性的标准差，*** 表示检验在 1%水平下显著，** 表示检验在 5%水平下显著，* 表示检验在 10%水平下显著。

表 4－8 表明，用 concashr 替代 concashd 之后，除了模型(1)之外，模型(2)～(4)都支持两权分离度与公司价值显著负相关的结论。

表 4－9　以 concashr 为主要解释变量的分样本回归结果

	被解释变量：TobinQa		
	国务院国资委样本	地方国资委样本	自然人、企业法人样本
concashr	−0.073 (0.111)	−0.025 (0.100)	−0.108** (0.050)
chain	0.082 (0.166)	−0.233* (0.125)	0.135** (0.067)
ih	0.402 (0.259)	−0.596** (0.248)	0.312* (0.181)
lnasset	−0.375*** (0.064)	−0.321*** (0.075)	−0.339*** (0.068)
dar	0.018** (0.008)	−0.009** (0.004)	0.004 (0.004)

续　表

	被解释变量：TobinQa		
	国务院国资委样本	地方国资委样本	自然人、企业法人样本
gmbr	−0.001 (0.004)	0.002 (0.002)	0.000 (0.002)
roa	0.057*** (0.012)	0.022** (0.010)	0.012 (0.017)
share	0.005*** (0.002)	−0.001 (0.003)	−0.001 (0.001)
constant	5.193*** (0.787)	7.285*** (1.181)	5.576*** (1.007)
observations	83	235	167
number of id	22	53	57

注：括号中为稳健性的标准差，*** 表示检验在 1%水平下显著，** 表示检验在 5%水平下显著，* 表示检验在 10%水平下显著。

表 4－9 表明，用 concashr 替代 concashd 之后分样本回归的结果也与前面的研究结论基本一致。

4.3　研究结论

金字塔控股结构所具有的现金流权与控制权相分离、多层级控制链条等特征，会影响公司的价值。本章以中国金属行业 A 股上市公司为样本，实证分析了金字塔控股结构两权分离的特征对中国金属行业上市公司价值的影响，并考察了终极控制人的性质、控制层级、是否交叉持股等特征对上市公司价值的影响。实证结论表明：

第一，不论是以 TobinQ 还是以 TobinQa 来衡量公司价值，两权分离度对公司价值都具有显著的负面效应，该实证结果与第 3 章理论阐释的结论相吻合。

第二，从统计描述来看，相比较于国务院国有资产监督管理委员会以及各级地方国有资产监督管理委员会，自然人或者普通企业法人作为实际控制人的样本呈现出更明显的两权分离特征，且波动性较大，如表 4 - 4 所示。分样本回归结果表明，只有在实际控制人为自然人或者普通企业法人样本中，两权分离度才与公司价值呈现显著的负相关关系。

第三，关于控制层级，实证结果表明控制层级越多，公司价值越高，而交叉持股这一现象与公司价值的关系不显著。

第四，引入年度虚拟变量以后发现，2008 年和 2011 年样本上市公司的市场价值明显比参考年份 2007 年低。这一结论符合国内外经济发展的现实。

第5章　金字塔控股结构对公司绩效稳定性影响的实证分析

衡量上市公司业绩的指标主要有市场业绩指标和会计业绩指标两大类。市场指标主要有托宾Q值(TobinQ)、市净率,而会计指标主要包括利润总额、资产收益率(ROA)、净资产收益率(ROE)、投入资本回报率(ROIC)等。在第4章中,以中国金属行业A股上市公司为样本,实证分析了金字塔控股结构两权分离的特征对中国金属行业上市公司价值的影响,分样本实证结论表明,只有在实际控制人为自然人或者普通企业法人样本中,两权分离度才与公司价值呈现显著的负相关关系。本章主要从会计业绩的角度探讨在面临外部冲击(例如金融危机)时金字塔控股结构对上市公司经营绩效稳定性的影响。

在面临外部冲击时,金字塔控股结构下的上市公司的经营绩效会呈现自身独有的特点。例如假设某上市公司某年由于受到一个正向的冲击(比如技术进步、更新机器等),利润增加了100万元,在金字塔控股结构下,可能存在最终控制人转移利润和资金的行为,即所谓的“隧道挖掘”现象;同样,在面临负的外部冲击(比如金融危机、国内经济形势下滑等)时,上市公司利润会下降100万元,但是实际控制人可能对其进行救助,从而使得其利润下降幅度减少。贝特朗(Bertrand, 2002)提出了一种研究外部冲击对金字塔控股结构下上市公司经营绩效稳定性的研究方法。贝特朗(Bertrand)认为为了进行实证检验,必须首先对冲击进行一般的界定。他认为行业冲击可以作为一个理想的指标,因为行业冲击会影响到每一个公司,同时又不受任何一个公司的控制。具体来看,他以行业平均绩效的变动作为公司利润冲击的来源,用 $perf_{kti}$ 来代表第 i 个行业第 k 个公司在第

t 年的会计报表中所公布的利润总额(包括折旧、利息和所得税)，A_{kti} 代表第 i 个行业第 k 个公司在第 t 年的会计报表中所公布的总资产的账面价值期末余额，然后得到每个公司的资产收益率 $r_{kti} = perf_{kti}/A_{kti}$。为了分离出行业冲击的影响，他按照每个公司的总资产为权重计算某个行业平均的资产收益率：

$$\widehat{r_{kti}} = \sum perf_{kti} / \sum A_{kti} \tag{5.1}$$

然后在此基础上，计算出每个公司在没有"隧道挖掘"或"反向支撑"时应该有的公司利润总额：

$$perd_{kti} = A_{kti} \times \widehat{r_{kti}} \tag{5.2}$$

在此基础上，贝特朗(Bertrand)使用面板数据，采用固定效应方法，以上市公司公布的利润总额 $perf\_kti$ 对按照行业平均资产收益率计算的利润总额 $perd_{kti}$ 进行回归，并考察了终极控制人的不同种类、现金流权的高低对公司会计利润的影响，得到了如下结论：金字塔控股结构的公司与非金字塔控股结构的公司在面对行业冲击时，利润总额存在显著的差别；在金字塔控股公司内部，低现金流权的企业对行业冲击的反应程度较高现金流权的企业更加敏感。

本章借鉴贝特朗(Bertrand)的研究方法，探讨我国金字塔控股结构下有色金融行业上市公司在面临行业冲击时，利润会有什么样的反应；同时，结合第 4 章的实证结论，重点探讨实际控制人性质的不同在面临行业冲击时，会对上市公司造成什么样的影响。

5.1 样本选择和变量及模型设定

5.1.1 样本选择

本章以中国金属行业 A 股上市公司为样本，研究样本的选择期间为

2007～2011年。研究数据有如下几个来源，通过上市公司年报手工查询了终极控制人关于金字塔控股结构的数据（包括现金流权比例、终极控制人的性质等），上市公司的其他财务数据（包括利润总额、资产负债率、主营业务收入增长率、资产收益率等）来自Wind数据库。

截至2012年底，A股钢铁和有色行业一共有124家上市公司。在样本选择过程中，首先剔除了2012年上市的5家公司，包括洛阳钼业、新华龙、红宇新材、银邦股份和宜安科技；然后，剔除了在2007～2011年年报中不能完整追溯终极控制人的样本公司，还剔除了一些变量出现异常值的样本观测值。最终的样本包括118家上市公司的"公司-年度"非平衡面板（unbalanced panel）数据。

5.1.2 计量模型与变量设定

（一）计量经济方法

本章采用Stata12.0分析软件，运用面板数据回归模型来实证检验金字塔控股结构下我国有色金融行业上市公司在面临外部冲击时，公司经营绩效的变动情况。借鉴贝特朗（Bertrand）的研究方法，采用固定效应面板回归进行实证分析。

（二）变量设定

1. 被解释变量：公司利润总额

贝特朗（Bertrand）在研究中采用了包括折旧、利息和所得税的利润总额来衡量公司的经营绩效，考虑到我国数据的差别和数据获取的难度，本章使用企业财务报表中公布的利润总额（包括所得税）作为被解释变量。

2. 解释变量

（1）按照行业平均资产收益率计算的利润总额

根据贝特朗（Bertrand，2002）的研究方法，首先计算每个上市公司的资产收益率；然后按照公司期末资产账面价值的余额为权重，计算行业平均的资产收益率；最后根据行业平均的资产收益率计算每个公司的利润总额。具体来看，tp_{it}代表第i个公司在第t年的会计报表中所公布的利润总额(包括所得税),$asset_{it}$ 代表第 i 个公司在第 t 年的会计报表中所公布的总资产的账面价值期末余额,然后得到每个公司的资产收益率:

$$r_{it} = tp_{it}/asset_{it} \tag{5.3}$$

为了分离出行业冲击的影响,按照每个公司的总资产为权重计算某个行业平均的资产收益率:

$$\hat{r}_t = \sum tp_{it}/\sum asset_{it} \tag{5.4}$$

然后在此基础上,计算出每个公司在没有"隧道挖掘"时应该有的公司利润总额变动为:

$$perdtp_{it} = asset_{it} \times \hat{r}_t \tag{5.5}$$

(2) 现金流权

现金流权的概念、定义及计算方法参见第 4 章的内容。

(3) 终极控制人的性质

根据第 4 章的内容,这里将终极控制人分为三类,国务院国资委、地方国资委及地方政府、自然人及普通法人企业。

(4) 终极控制人的性质与按照行业平均资产收益率计算的利润总额的交互项

为了探讨终极控制人性质的不同对上市公司在面临外部冲击时对公司经营绩效的影响,这里引入终极控制人的性质与按照行业平均资产收益率计算的利润总额的交互项作为解释变量。根据我国的国情,在面临外部冲击时,例如金融危机,实际控制人为国务院国资委的企业会得到更多的优惠政策,从而可以使得经营绩效快速恢复,加大经营业绩的波动性。本章拟对该假说进行实证检验。

(5) 现金流权与按照行业平均资产收益率计算的利润总额的交互项

引入这一交互项的目的在于检验贝特朗(Bertrand)低现金流权公司对行业冲击更加不敏感的结论在我国有色金融行业是否也成立。

3. 控制变量

除了上述研究变量,在模型中加入已经被证实对公司利润总额产生影响的变量,资产规模的对数、资产负债率、资产周转率、主营业务增长率等。

同时,本章以 2007 年度为参照年,在模型中设置 Year2008、Year2009、Year2010 和 Year2011 为年度控制变量。

5.1.3　模型构建

根据以上分析,本章采用的回归方程模型设定如下:

$$
\begin{aligned}
tp_{it} = {} & \alpha_i + \beta_1 \times predtp_{it} + \beta_2 \times as_{it} + \beta_3 + az_{it} + \beta_4 \times predtpas_{it} + \\
& \beta_5 \times predtpaz_{it} + \beta_6 \times cash_{it} + \beta_7 \times predcash_{it} + \gamma_1 \times lnasset_{it} + \\
& \gamma_2 \times dar_{it} + \gamma_3 \times gmbr_{it} + \gamma_4 \times at_{it} + \delta_1 + Year2 + \delta_2 \times Year3 + \\
& \delta_3 \times Year4 + \delta_4 \times Year5 + \varepsilon_{it} \qquad (5.6)
\end{aligned}
$$

其中 α_i 为个体异质性,ε_{it} 为特异性误差,其他指标的含义如下表所示:

表 5-1　变量定义表

	变　量　名	符　号	确定和计算方法
被解释变量	公司利润总额	tp	利润总额=净利润+所得税
解释变量	按照行业平均资产收益率计算的利润总额	predtp	见前面所述
	终极控制人的性质	as 和 az	as 和 az 都为虚拟变量, 如果终极控制人为国务院国资委,则 as=1,否则,as=0; 如果终极控制人为自然人或者普通法人企业,则 az=1,否则,az=0
	终极控制人的性质与按照行业平均资产收益率计算的利润总额的交互项	predtpas predtpaz	predtpas=as×predtp predtpaz=az×predtp
	现金流权	cash	计算和确定方法见第 4 章
	现金流权与按照行业平均资产收益率计算的利润总额的交互项	predcash	predcash=cash×predtp

续 表

	变 量 名	符 号	确定和计算方法
控制变量	规模变量	lnasset	每年年末总资产的对数值
	资产负债率	dar	总负债与总资产的比值
	主营业务收入增长率	gmbr	主营业务收入增长率＝(本期主营业务收入－上期主营业务收入)÷上期主营业务收入
	总资产周转率	at	销售收入与期末总资产的比值
年度控制变量	Year2008	Year2	当样本公司属于 2008 年时，Year2＝1；否则，Year2＝0(以 2007 年为参照)
	Year2009	Year3	当样本公司属于 2009 年时，Year3＝1；否则，Year3＝0(以 2007 年为参照)
	Year2010	Year4	当样本公司属于 2010 年时，Year4＝1；否则，Year4＝0(以 2007 年为参照)
	Year2011	Year5	当样本公司属于 2011 年时，Year5＝1；否则，Year5＝0(以 2007 年为参照)

根据第 4 章的结论，实际控制人的性质不同，会影响公司的价值。在本章模型中，通过引入虚拟变量的方法来研究实际控制人性质的不同是否会对上市公司的企业会计利润产生影响。关于实际控制人性质的变量，只引入了国务院国有资产监督管理委员会和自然人及普通法人两类，这样做的目的是为了避免虚拟变量陷阱。

5.2 实证结果及分析

5.2.1 样本描述性统计

(一) 全部样本公司描述性统计

从被解释变量来看，样本公司利润总额(tp)的均值和标准差分别为 58 275.89、178 632.1，最大值和最小值分别为 1 930 769、－539 059.7，如

表5-2所示。从标准差以及最大值与最小值之间的差距可以初步判断，有色金属行业上市公司之间的会计利润存在较大差异。

表5-2 变量描述性统计

变量名		均 值	标准差	最小值	最大值
被解释变量	tp	58 275.89	178 632.1	−539 059.7	1 930 769
解释变量	predtp	58 275.89	136 941.4	324.711 5	1 856 939
	predtpas	25 231.01	129 395.5	0	1 856 939
	predtpaz	8 922.192	45 675.89	0	700 860.3
	cash(%)	38.182	19.13	1.25	95
	predcash	33 731.96	94 434.57	45.46	1 370 000
控制变量	lnasset	12.962	1.555	9.112	16.956
	dar(%)	54.662	19.954	1.478	140.567
	gmbr(%)	22.702	39.365	−97.503	321.119
	at(%)	120.664	86.012	4.15	787.14

从解释变量来看，predtp的均值tp的均值相等，这是因为总会有某个企业的资产收益率和行业平均的资产收益率相等。但是标准差降低为136 941.4，最大值和最小值分别为1 856 939、324.71。cash的均值和标准差分别为38.182、19.13，最小值和最大值分别为1.25%、95%。交互项predtpas、predcash的均值分别为25 231.01、33 731.96，标准差分别为129 395.5、94 434.57。

从控制变量来看，公司规模的均值和标准差分别为12.962、1.555，最大值和最小值分别为16.956、9.112，数据表明有色金属行业上市公司的规模比较稳定，波动性小。与之相反，资产负债率、主营业务收入增长率和资产周转率的波动性较大，标准差分别为19.954、39.365和86.012。样本上市公司资产负债率的平均值为54.66%，而主营业务收入增长率的均值为22.7%，资产周转率的均值为120.66%。

(二) 分样本描述性统计

表 5-3 分样本描述性统计

变量名		国务院国资委样本	地方国资委样本	自然人、企业法人样本
样本数		84	237	189
tp	均值	150 965.4	72 003.78	17 325.57
	方差	386 205.6	139 650.4	40 119.58
	T 检验	−4.645 2***	−0.804 1	4.425 8***
predtp	均值	153 188.3	68 501.98	24 311.79
	方差	287 820.1	89 247.61	72 992.18
	T 检验	−6.238 2***	−0.351 6	5.079 9***
cash	均值	41.309	43.619	29.74
	方差	18.437	18.747	16.83
	T 检验	−1.673 6*	−6.284 8***	7.867 2***
predcash	均值	90 011.28	33 961.26	8 635.25
	方差	200 000	50 852.57	4.629 5***
	T 检验	−6.156 9***	−0.012 2	4.692 5
lnasset	均值	13.925	13.644	12.288
	方差	1.608	1.253	1.22
	T 检验	−5.120 3***	−6.774 4***	11.580 8***
dar	均值	57.94	54.802	50.164
	方差	20.175	17.335	23.686
	T 检验	−2.128 3**	−1.233 1	3.099 9***
gmbr	均值	14.438	24.994	22.264
	方差	31.238	45.466	36.011
	T 检验	1.956 1*	−1.443 8	0.083 4
at	均值	104.697	122.987	116.621
	方差	55.874	82.78	107.57
	T 检验	1.449 8	−1.264 3	0.483 5

注：*** 表示检验在 1%水平下显著，** 表示检验在 5%水平下显著，* 表示检验在 10%水平下显著(双尾检验)。

从表 5 - 3 可以看出,除了资产周转率(at)以外,国资委样本在其他样本方面的均值与其他两类存在显著差异;就地方国资委样本而言,只有现金流权和规模变量与其他两类存在显著差异;自然人及普通法人企业样本来说,除了主营业务增长率和总资产周转率以外,其他变量的均值均与其他两类样本存在显著差异。关于为何实际控制人性质的不同,会产生数据上的差异,本书第 6 章将作出解释。

5.2.2 回归结果及分析

表 5 - 4 固定效应回归结果

	被解释变量: tp						
	fe1	fe2	fe3	fe4	fe5	fe6	fe7
predtp	1.065*** (0.219)	1.070*** (0.220)	0.747*** (0.159)	0.740*** (0.160)	0.785*** (0.178)	2.253*** (0.732)	2.433*** (0.834)
as		42 034 (39 708)	−1 594 (35 720.42)	4 553.762 (38 455.02)	4 976.62 (38 237.6)	2 747.66 (40 753)	4 759.549 (40 350.04)
az			13 661.93 (30 380)	18 897.11 (28 793)	29 001.3 (33 195)	41 210 (34 546)	43 060.76 (36 231)
predtpas			0.441* (0.242)	0.447* (0.240)	0.398 (0.309)	0.685** (0.295)	0.635** (0.292)
predtpaz					−0.100 (0.235)	−0.062 (0.288)	−0.100 (0.289)
cash				688.409 (779.334)	702.488 (778.46)	1 998** (904.35)	2 037** (948.528)
predcash						−0.026** (0.012)	−0.028** (0.012)
lnasset	125.724 (13 384)	3 442.88 (15 555)	4 858.868 (15 614)	6 114.456 (16 059)	5 750.28 (15 806)	2 998.57 (15 128)	1 214.597 (18 606)
dar	−916.806** (410.77)	−1 325.040** (642.541)	−1 160.230** (560.993)	−1 170.165** (580.026)	−1 154.056* (590.67)	−923.381* (489.01)	−949.763* (548.34)
gmbr	71.143 (107.48)	84.169 (117.355)	181.359* (105.075)	190.518* (106.056)	187.817* (106.42)	137.347 (99.335)	224.467* (121.813)

续 表

	被解释变量：tp						
	fe1	fe2	fe3	fe4	fe5	fe6	fe7
at	115.686 (126.04)	94.624 (151.114)	52.694 (156.401)	48.706 (153.318)	45.782 (152.27)	8.061 (155.15)	41.248 (166.354)
year2							17 901.69 (16 468)
year3							29 821.11 (22 151)
year4							10 093.35 (19 748)
year5							12 618.1 (22 603.37)
constant	28 518.366 (187 81)	−253.798 (215 666)	−12 616.5 (213 793)	−57 215.0 (232 644)	−58 058 (235 38)	−97 560 (210 67)	−100 367 (243 184)
observations	570	510	508	506	506	506	506
r-squared	0.484	0.494	0.514	0.515	0.515	0.574	0.578
number	118	118	117	117	117	117	117

注：括号中为稳健性的标准差，*** 表示检验在 1%水平下显著，** 表示检验在 5%水平下显著，* 表示检验在 10%水平下显著。

从表 5－4 可以看出，除模型(7)之外，模型(1)～(6)是未包括年度控制变量的模型。

模型(1)～(7)表明，行业平均资产收益率对单个企业利润的冲击是同方向的，且在 1%的水平下高度显著。这符合金属行业的特点，也就是说当行业产生正的冲击时，比如技术进步、新设备的采用等，会提高整个行业的平均资产收益率，进而会提高单个企业的利润总额；相反，如果产生了一个负向的冲击，比如金融危机、经济形势下滑等，整个行业的平均收益率下降，进而会导致单个企业利润的下滑。这既符合行业的实践，也与经济理论相符合。

关于实际控制人的性质对利润总额的影响，即国资委控制人(as)、自然人及普通企业法人控制人(az)对利润总额的影响，模型并没有给出统计上显著的结论。但是，从交互项来看，除模型(5)以外，模型(3)、(4)、(6)、(7)一致表明，predtpas 的交互项为正，而且随着控制变量的增多，影响系数也逐步增加。这说明了相比较地方国资委和自然人、普通企业法人控制人，实际控制人为国务院国有资产监督管理委员会的上市公司在面临行业冲击时更加敏感。也就是说，如果是正的外部冲击，国资委实际控制的上市公司利润增加的更多；如果是负的外部冲击，国资委实际控制的上市公司利润下降的幅度也更大。与之相反，predtpaz 的系数为负，说明实际控制人为自然人和普通法人的上市公司，在面临行业冲击时不如其他两类公司敏感。但是，该结论并没有通过显著性检验。

模型(4)和(5)给出了关于现金流权(cash)对企业利润总额的影响，系数为正，但是并不显著。在引入现金流权和按照行业平均资产收益率计算的利润总额的交互项(predcash)后，cash 的系数仍然为正，并且在 5%的水平下显著成立。这表明，现金流权对上市公司的利润总额也会产生显著的正向影响，验证了理论模型以及前人关于现金流权对企业绩效正向的“激励效应”的结论。同时，随着控制变量的增加，系数也逐步增加，激励效果也越强。

模型(6)和(7)表明，交互项 predcash 的系数在 5%的水平下，显著为负。这表明，现金流权高的公司会降低行业冲击的影响。这一结论与贝特朗(Bertand)的结论相反，但是符合前面理论模型的假说和第 4 章的实证结论。这是因为现金流权高的公司，终极控制人通过“隧道挖掘”转移上市公司利润的动力越小，而现金流权越低的公司，终极控制人越倾向于对上市公司攫取利润和资金，进而在公司面临正的冲击时，比如利润大幅度增加时，高现金流权的公司实际控制人转移的利润越少。

从控制变量来看，模型(1)～(7)只对关于资产负债率对上市公司利润总额的影响给出了一致的结论。其中，模型(1)～(4)表明，在 5%的显著性水平下，资产负债率会降低上市公司的利润总额。这符合公司财务的经典理论，即资产负债率越高，上市公司面临的财务风险越大，财务杠杆效应提升的空间越小，继续融资的能力越弱，从而公司利润提升的空间也越小。模型(5)～(7)在 10%的显著性水平下，也支持该结论。关于主营业务增长率对上市公司利润总额的影响,模型并没有给出一致的结论。虽然模型给出了主营业务增长率对上市公司利润总额正向影响的结论,但是只有模型(3)、(4)、(5)、(7)在10%的水平下通过了检验。关于规模变量和总资产周转率的影响,模型(1)~(7)都没有给出显著的结论。

从年度控制变量来看,模型(7)表明,以2007年为基准年,年度控制变量对上市公司利润总额的影响并不显著。在以其他年份为基准年以后,发现仍然不显著。这与第4章关于年度控制变量对上市公司价值的影响的结论不一致。究其原因,一方面年度控制变量往往反映的是宏观经济形势、市场环境等的年度差异,而这些宏观因素的变动会立即反应在上市公司的股价上,进而影响基于股价计算出来的市场价值(托宾Q值);另一方面在于会计利润总额可能受到会计处理方法、虚假报表、人为操纵等诸多主观因素的影响,从而扭曲了年度控制变量对其的影响。

5.3 研究结论

本章借鉴贝特朗(Bertrand)的研究方法,运用面板数据回归模型实证检验了金字塔控股结构下我国有色金融行业上市公司在面临外部冲击时,公司经营绩效的变动情况。实证结论表明:

第一,行业平均资产收益率对单个企业利润的冲击是同方向的,且在1%的水平下高度显著,这符合有色金融行业的特点,也与经济理论相吻合。

第二,关于实际控制人的性质对利润总额的影响,即国资委控制人(as)、自然人及普通企业法人控制人(az)对利润总额的影响,模型并没有给出统计上显著的结论。但是,国资委控制人与按照行业计算的利润总额的交互项(predtpas)显著为正,而且随着控制变量的增多,影响系数也逐步增加。这说明了相比较地方国资委和自然人、普通企业法人控制人,实际控制人为国务院国有资产监督管理委员会的上市公司在面临行业冲击时更加敏感。

第三，现金流权对上市公司的利润总额也会产生显著的正向影响，验证了理论模型以及前人关于现金流权对企业绩效正向的激励效应的结论。同时，随着控制变量的增加，系数也逐步增加，激励效果也越强。

第四，交互项 predcash 的系数在 5%的水平下，显著为负，这表明现金流权高的公司会降低行业冲击的影响。

第五，年度控制变量对上市公司利润总额的影响并不显著。原因可能在于会计利润总额受到会计处理方法、虚假报表、人为操纵等诸多主观因素的影响，从而扭曲了年度控制变量对其的影响。

第 6 章　对金字塔控股结构问题的现实解释

通过第 4 章、第 5 章的分析，以中国 A 股金属类上市公司为样本，对金字塔结构特点与公司价值、公司绩效得出了部分实证结论。影响现实的因素毕竟是多元而复杂的，金字塔结构特点为何会与公司价值、公司绩效存在关联，这种关系的存在与发挥是否会受到外部因素的制约，本章将在第 4、5 章实证结论的基础上，结合中国金属矿产行业发展的实际，以及相关公司的具体案例和行业政策背景等现实因素，对上述实证结论作出进一步解释与说明。

6.1　有待解释的相关问题

在第 4 章、第 5 章的实证检验部分通过对我国 A 股金属类上市公司的分析，大致得出了如下实证结论：

表 6－1　金字塔结构特征、部分控制变量与公司价值、公司绩效的对应关系

	concashd	cash	chain	ih	lnasset	dar	gmbr	roa	share	year	predtp
TobinQ	负相关	—	正相关	不显著	负相关	不显著	不显著	正相关	负相关	相关	—
tp	—	正相关	—	—	不显著	负相关	正相关	—	—	不显著	正相关

根据上述实证结果的初步对比，以及第 4 章、第 5 章具体实证结果，可以初步得到金属类上市公司金字塔结构的部分结论。

第一，关于金字塔结构变量与公司价值、公司绩效的关系。两权分离度对公司价值都具有显著的负面效应，现金流权对上市公司的利润总额也会产生显著的正向影响，控制层级与公司价值有显著正相关关系。

第二，关于相关控制指标与公司价值、公司绩效的关系。公司价值与公司资产规模、股权制衡度负相关，与资产收益率正相关；公司绩效与行业平均绩效、主营业务收入增长率正相关，与资产负债率负相关。

（除表 6－1 汇总的初步实证结论外，第 4 章、第 5 章的分析还专门就最终控制人性质这一热点问题进行了专门分析）

第三，关于终极控制人性质与公司价值、公司绩效的关系。自然人或民营企业作为实际控制人的样本呈现出更明显的两权分离特征，而且只有在实际控制人为自然人或者普通企业法人样本中，两权分离度才与公司价值呈现显著的负相关关系。实际控制人为国务院国有资产监督管理委员会的上市公司在面临行业冲击时更加敏感。

针对上述实证结论，我们已经在第 4 章、第 5 章给出了初步解释，尤其对于第二个问题，已经提出了相关现实结合，而且控制变量并非为本书所关注的重点。下面将重点针对第一个、第三个问题，结合我国金属矿产行业上市公司发展的实际，对于上市实证结果展开现实解释，立足于对行业的理解和具体观察，分析问题的角度将从政策与制度、历史因素、行业特点以及具体案例等多方面展开。

6.2　金字塔结构变量与公司价值、公司绩效关系的现实解释

6.2.1　现金流权对上市公司价值正向影响的解释

在第 3 章的基本模型中通过简略的推测，得出现金流权高的上市公司，其实际控制人与该公司价值具有更高的一致性，从而产生对实际控制人提高公司机制的正向激励，这也被国内外诸多学者从理论和实证上所验证。

具体到我国 A 股金属类上市公司，我们认为还有以下现实因素：

(一) 股权高度集中进一步提高了现金流权的激励效应

与国外企业,尤其是英美上市公司不同,我国 A 股金属类上市公司实际控制人往往对上市公司持有更高的现金流权。

表 6-2　我国 A 股金属类上市公司现金流权、控制权及两权分离情况

年度	样本数	现金流权均值(%)	控制权均值(%)	控制权现金流权减差均值	控制权现金流权商差均值
2007	87	38.75	45.66	6.92	1.46
2008	89	37.65	45.74	8.09	1.54
2009	97	37.78	45.89	8.11	1.54
2010	112	38.84	46.84	8.00	1.52
2011	118	37.87	45.70	7.83	1.52

上表是 2007～2011 年所有样本公司现金流权、控制权、控制现金流差额(控制权减现金流权)、控制权现金流权商额(控制权除以现金流权)的算数平均值。

相对于欧美上市公司少数股权即可拥有实际控制权的股份分散特征不同(如对金字塔结构前期研究中,现金流权 10%以上一般即认定为对公司拥有实际控制权),而我国 A 股金属类上市公司,普遍存在着股权高度集中的现状。通过近五年的样本观察,平均在 37%～39%之间,且较为稳定。如此之高的股权集中度,将使公司实际控制人与上市公司之间的一致性关系大为提高,即公司每赚取 100 元,理论上将给终极控制人带来 37～39 元的利润回报,在此情况下,终极控制人将对上市公司经营绩效分外关心,而且使得现金流权与公司绩效之间的正向关系更加明显地体现出来。

(二) 控制权集中进一步提高实际控制人与上市公司的利益一致性

通过表 6-2 我们可以发现,我国 A 股金属类上市公司中,实际控制人对上市公司拥有的控制权是惊人的,2007～2011 年五年,所有样本公司实际控制人控制权均值分别为 45.66%、45.74%、45.89%、46.84% 和 45.70%。因此,从一定程度上说,上市公司是被实际控制人牢牢掌控和把握的。对于控制权较为分散的上市公司,重大决策需要顾及多方利益关系且往往是妥协的结果，而拥有完全控制力的上市公司，可以更好地执行实际控制人的战略意图，并在重大决策上明确体现实际控制人的利益，从而使实际控制人与上市公司利益取得了更高的一致性。一方面个人资产可以通过剩余索取权获得分红；另外一方面，该上市公司可以作为长期执行实际控制人战略意图的平台，提高上市公司价值有利于实际控制人的长期利益，实际控制人对公司业务经营将更加履职尽责。因此，实际控制人会对损害公司价值实现个人短期财富的增长有所顾忌，从而进一步提高实际控制人对上市公司利益的关注。

综上所述，我国 A 股金属类上市公司现金流权的高度集中以及控制权的牢牢掌握，增加了实际控制人对上市公司的正面激励效应，从而也部分解释了第 4 章的实证结论。

6.2.2　两权分离度对公司价值负相关关系的解释

我们认为，金字塔结构两权分离的特点将对公司价值产生显著影响。在第 3 章的基本模型中，已经通过模型的换算，从实际控制人为理性人的假设出发，得到了两权分离度越高，实际控制人一般越倾向于从上市公司中转移出资源，从而导致公司价值降低的初步结论。在第 4 章的实证检验中，通过对我国金属类上市公司的模型回归，也得到类似的结论。本书认为，在实际运作中，上市公司实际控制人通过对上市公司资源的转移，以及“隧道挖掘”等效应，盗取上市公司利益从而实现个人利益最大化的假设是成立的，本书对此不再解释。针对第 4 章实证结论中，为何我国 A 股金属类上市公司与公司价值的负相关系数较小，现实解释如下：

(一) 两权分离度较低的状况使得“隧道挖掘”等效应减弱

金字塔结构的一大特点是实际控制人可以通过多链条控制，用较少的现金流权实现对上市公司的实际控制，即两权分离是金字塔结构的最大特点之一。而在我国，两权分离的特征并不明显。比如通过现实观察，近五年来，我国 A 股金属类上市公司现金流权减控制权的差额，经过算术平均后的均值为 6.92%~8.11%，五年间的样本同样较为稳定，且未出现两权分离逐渐增大的变化趋势。从控制权除以现金流权的商来看,五年来所有样本的算术平均值在1.46～1.54倍,同样与国外企业相比并不显著。因而,从整体上来看,我国金属类上市公司现金流权与控制权具有很高的一致性,从而导致两权分离降低公司价值的基本逻辑依然成立,但影响系数相对较低。

(二)两权一致性状况较为普遍的存在

在描述性统计中,现金流与控制权相一致的案例(即现金流权等于控制权)也较为普遍的存在,比如在2011年118家上市公司中,现金流权等于控制权的企业有57家,占全体样本数的48.3%;控制权与现金流权之差大于10%的样本企业有41家,占全体样本数的35.6%;控制权与现金流权之差大于0小于10%的样本企业数量有20家,占全体样本数的16.9%。

通过上面的描述,可以对我国A股金属类上市公司两权分离的基本状况做简单概括。我国A股金属类上市公司中,实际控制人因股权的高度集中,与上市公司利益存在很强的一致性;金字塔结构重视和讨论的两权分离问题,并未在样本企业中普遍体现,反而两权完全一致的比例占近50%。导致这一情况出现的原因,主要是国企背景的上市公司在金属类上市公司中占据主流地位,数量上也占绝对优势。国内外理论研究结果表明,自然人或家族更倾向于通过金字塔结构,以较少的所有权实现更大的控制权,上市公司实际控制人性质的特点,决定了两权一致性的普遍存在。

综合以上,本书认为虽然两权分离下实质控制人通过损害上市公司价值从而使个人利益最大化的基本逻辑依然成立,但受制于中国A股上市两权分离的实际情况,该作用发挥的效果大打折扣,从而也部分解释了为何两权分离度与上市公司价值存在负面效应,但效果不显著(实证结论的系数较低)的问题。

6.2.3 控制链条长度与公司价值正相关关系的解释

单纯从理论角度理解,实际控制人对上市公司的控制链条越长,层级越多，则控制权与现金流权的两权分离度一般越大，从而容易导致公司价值的下降。因此，一般意义上理解，控制链的长度应该与公司价值呈反方向变动关系。在第 4 章的实证分析中，我们得出公司控制链长度与公司价值呈正向变动关系，而且该关系非常显著，理论逻辑与实证结论出现了背离。

而要解释这一现象，还需要从行业发展的实际出发，通过现实观察和相关数据统计，我们认为导致上述理论与实证结论相背离的原因如下：

(一) 控制链条高的上市公司实际控制人性质

通过样本观察，我们发现 2011 年 118 家样本企业中，控制链条层级多的企业，很多是国有企业为实际控制人，即央企或地方国企所属上市公司，具体见表 6－3。

表 6－3　控制链条较长的公司实际控制人性质对应表

代　码	名　称	链条长度	终极控制人性质
000708.SZ	大冶特钢	10	0
600282.SH	南钢股份	8	0
600961.SH	株冶集团	6	1
600595.SH	中孚实业	5	0
600507.SH	方大特钢	4	0
000709.SZ	河北钢铁	3	1
600390.SH	金瑞科技	3	1
600338.SH	*ST 珠峰	3	0
600255.SH	鑫科材料	3	0
000751.SZ	*ST 锌业	3	1
000603.SZ	盛达矿业	3	0

上表中，终极控制人若为国企的则为 1，否则为 0；上表中控制链条长度大于等于 3 的前 11 位上市公司中，有 4 家为国企控股公司，7 家为非国企控股上市公司。

从 2011 年控制链条长度为 0 的样本公司看，实际控制人均为非国企背景的上市公司，具体见表 6－4。

表 6-4　控制链条为 0 的公司实际控制人性质对应表

代　码	名　称	链条长度	终极控制人性质
601028.SH	玉龙股份	0	0
601677.SH	明泰铝业	0	0
002578.SZ	闽发铝业	0	0
002545.SZ	东方铁塔	0	0
601700.SH	风范股份	0	0
002541.SZ	鸿路钢构	0	0
002501.SZ	利源铝业	0	0
002460.SZ	赣锋锂业	0	0
002379.SZ	鲁丰股份	0	0
300057.SZ	万顺股份	0	0
002352.SZ	鼎泰新材	0	0
002295.SZ	精艺股份	0	0
002182.SZ	云海金属	0	0
002167.SZ	东方锆业	0	0
002144.SZ	宏达高科	0	0
002132.SZ	恒星科技	0	0
002082.SZ	栋梁新材	0	0
600477.SH	杭萧钢构	0	0

从上表可见,控制链条为 0 的上市公司,终极控制人性质全部为非国企性质,即以民营企业或自然人为实际控制人。

如果进一步放开样本范围,对 2011 年 118 家全部金属类上市公司进行整体观察,可见对应关系如表 6-5 所示。

表 6-5　控制链条长度与不同公司实际控制人上市公司数量对应表

链条长度	0	1	2	3	4—10
总　数　量	18	54	35	6	5
国企数量	0	35	24	3	1
非国企数量	18	19	11	3	4

从上表可见，如果以控制链条长度2级作为控制链条长度的标准，则控制链条较长的46家上市公司中，终极控制人为央企或地方国企的样本数为28家，占整体样本的61%，非国企控制人样本为18家，占样本总数的39%；在控制链条较短的72家上市公司中，终极控制人为央企或地方国企的样本数为35家，占整体样本的48.6%，非国企控制人样本为37家，占样本总数的51.4%；在控制链条长度为0的18家上市公司中，非国企个人或企业为实际控制人的样本占100%。

由上可见，控制链条层级与实际控制人性质有较高的重合度，即国有企业更倾向于通过多链条控制行使对上市公司的实际控制权。而国企为最终控制人的上市公司，我们认为其通过"隧道挖掘"等行为，损害上市公司中小股东利益而使自身获益的可能性很低。① 也就是说，国企作为终极控制人，不太倾向于损害上市公司价值实现自身利益的最大化（具体原因将在下面单独分析）。因此，即使控制链条较长的上市公司，公司价值也由于最终控制人性质的原因，整体上不会受到太多的价值损害。

（二）控制链条长的企业拥有更好的整体业务支持

控制链条越长的企业，各层级公司相应业务一般会对上市公司形成有力支持，从而增强投资者信心，带来更高的市值估值。以中国五矿所属株冶集团为例，该公司控制链条如下：

国资委——中国五矿集团公司——中国五矿股份有限公司——五矿有色金属控股有限公司——湖南有色金属控股集团有限公司——湖南有色金属股份有限公司——株洲冶炼集团有限责任公司——株洲冶炼集团股份有限公司（简称"株冶集团"）。

公司链条长度为6，即最终控制人（国资委）与上市公司（株冶集团）之间存在6级实体。据该上市公司公告，株冶集团经营范围为有色金属产品、矿产品及其副产品的冶炼和购销、相关产品的来料加工；株冶集团的自产产品出口以及自有技术的出口；该公司生产经营所需原辅材料以及相关机械设备及技术的进出口业务等。该公司核心业务为铅、锌金属冶炼。而

① 该假设也已经通过了第4章的实证检验。

在该公司实际控制人(中国五矿集团公司)旗下,铅锌冶炼业务上下游具有很强的业务经营能力,能对上市公司现有业务形成良好的战略协同和“支撑”。比如,中国五矿旗下拥有海外铅锌矿生产基地,MMG 拥有全球前三的锌矿产能。同时,五矿还有非常强大的铅、锌金属全球贸易能力,是我国最早经营铅锌金属进出口业务的企业,公司整体强大的财务能力也有利于该上市公司的后续投资和可持续发展。正是在多重控股关系中,处于控制链条上的各相关企业由于更强的综合实力和整体实力,以及各企业之间的业务协同优势,会对上市公司的价值构成一个体系化、系统化的优势,也部分解释了拥有更多控制链条的上市公司价值相对较大的实证结论。

6.3 终极控制人性质与公司价值、公司绩效关系的现实解释

6.3.1 非国企上市公司两权分离度与公司价值影响更显著的解释

关于两权分离度与公司价值的关系问题,实证结果显示与公司价值呈反向变动关系。作用机理源自于本书第 3 章分析的“隧道挖掘”效应,即上市公司实际控制人可以通过将上市公司利益转移到自己拥有更高现金流的企业,从而实现自身利益的最大化。在现实运行中,中国上市公司两权分离的特点,以及两权分离对公司价值反方向影响的作用机理,存在独特性因素。其中,终极控制人性质即是对现实造成直接影响不可忽视的因素之一。

在第 4 章的实证分析中我们得出结论,在实际控制人为自然人或者普通企业法人样本中,两权分离度与公司价值呈现显著的负相关关系。造成这一问题的原因,至少包含以下因素:

(一) 所有者缺位导致理性人假设的放松

国有企业名义上是全民所有的,但因为全民所有,从而导致所有人缺位问题。2003 年,中央和地方政府都设立了各级国资委,作为国有企业明

确的出资人或股东，国有企业从形式上拥有了自己的"老板"，国资委代表全民行使对全民所有制企业的所有权，包括融资、转让、分红等。

但国有企业法律形式上的所有者，并非意味着实际运作中对所有者义务的天然尽责，"中国的国有企业，名义上有无数的机构或者个人，他们似乎是国有资产的所有者，但仔细推敲都是代理人，而不是承担财产责任的最后委托人。""委托代理链条过长、所有者虚化导致的内部人控制现象，以及由此带来的代理成本高、道德风险大等问题，在国有企业广泛存在。"也有学者认为只有强有力的委托人存在，才能使委托代理关系有效运行。"西方的公司治理结构中，无论是家族集团还是机构投资者，其最终的委托人(即所有者)都是清楚的自然人。"①

对于自然人为最终控制人的上市公司，个人财富的增值为理性人假设的最大动因，从而基于自利动机，也更容易导致"隧道挖掘"等行为掏空上市公司行为的产生，以获取自身利益的最大化。而国企所属的上市公司中，由于全体人民所有或国资委代为持有的关系被虚化，委托人无法像民营企业的老板一样对上市公司具有与生俱来的利益一致性，国企所属上市公司的实际控制权掌握在经营层手中，经营层同样缺乏天然的动力和激励投身于公司价值的最大化。而且由于经营者个人并不占有公司股份，甚至股权激励等长期激励机制欠缺，因此公司价值的最大化并非推动促使其产生行动的最大动因，也没有足够的动力通过"隧道挖掘"转移上市公司利益从而产生"隧道挖掘"效应。

(二) 国有企业经营者的行为动机的多元化

对国有企业经营者而言，个人资产的增值并非其最大行为动因。其理性行动(即最有利于个人的行动)源自于以下动因，即个人薪酬(主要取决于公司绩效)，职位和提升(主要取决于公司绩效和政治责任、社会责任的履行)，在职消费和社会尊重(来自于对现有职位的保全)，社会声誉等。

从个人薪酬和社会声誉看，公司绩效尤其是当期绩效意义重大。尤其是随着国资委的成立，对中央企业及地方国企负责人推行业绩考核责任机

---

① 当当网. 所有者缺位之争[EB/OL]. http://read.dangdang.com/content_2101143.

制。比如对中国五矿集团公司等中央企业而言,国资委对其业绩开展年度考核,内容包含公司营业收入、利润总额、资产负债率、流动资产周转率、EVA 等指标。业绩考核的结果与企业负责人薪酬(主要是奖金)挂钩,与中央企业整体薪酬发放额度也挂钩。此举将推动国企负责人重视企业当期绩效,从而有利于上市公司价值的提升。同时,国资委对中央企业负责人也采取任期考核机制,考核期为三年,主要内容也是三年任期内业绩增长情况、战略推进情况、重大投资及党建文化等建设情况,综合包含多方面的内容,与非国企上市公司相比,从而与个人财富增值为唯一动力的行为模式不同。

从职位的保全和提升来看,非国企股东通过家族成员担任经理人,或通过董事会从经理人市场聘用,经营绩效的好坏以及公司价值的变动(股东个人财务的增减)是经理人任免的唯一标准。国企负责人的任免仍采用行政任命方式。比如对中央企业负责人而言,其班子的任免主要由中组部、国资委做出,公司价值(国有资产的保值增值)以及公司绩效仅是考核任免的一个方面,还要考虑政治责任、社会责任的履行等多个方面。而且央企负责人与政府官员的身份可以直接转化。

总之,国企业绩考核导向的多元以及任免的依据,决定了国企经营者追求个人利益最大化的行为模式有不同的表现,不会单纯以公司绩效好坏、公司价值增减为唯一目标,更加弱化了诸如“隧道挖掘”等效应,从而使国企通过“隧道挖掘”等不规范行为损害上市公司利益的行为受到很大的制约。

(三) 央企面临的严格制度规范和内外监督

研究表明,金字塔结构中,终极控制人为追求自身利益最大化,通过“隧道挖掘”等侵害上市公司利益的行为,受到外部制度环境的制约。如在法律体系和监管体系比较完备的国家,“隧道挖掘”等行为相对较少。也就是说,外部法律、制度体系将形成上市公司实际控制人行为的成本。同样,公司内部决策、监督机制的完备程度,也将对实际控制人侵占上市公司利益形成制约,也是实际控制人采取“隧道挖掘”等行为的成本因素之一。在第 3 章的基本模型中,我们已明确提出终极控制人掏空或支持上市公司的行为要受到外部成本和内部成本因素的制约。从现有的制度安排以及企业经营实践看,国企尤其是央企管理者将受到更加全方位和多元的监督,从而导致其掏空上市公司的潜在成本大幅提升,进而大幅抑制其侵占上市公司利益的行为。事实上,在自身激励不足和成本高企的双重影响下,国企尤其是央企所属上市公司的运行和财务信息披露更为规范,导致掏空行为与非国企上市公司相比大幅减少,从而有利于公司长期价值的提高。

相对于非国有企业,我们认为国企尤其是央企决策机制更加民主,监督机制也更加有效。从现实观察看,至少有以下方面:

1. 从决策体系看,国企决策受到更多制度约束

首先,央企决策一般采取集体决策原则。比如在中国五矿集团公司,对不同重要程度的事项有严格的分级授权体系,重大事项需要通过集团总裁办公会审批,集团公司总裁、副总裁,各二级单位总经理办公会、总经理、副总经理均有不同的决策权限。上市公司也对股东大会、董事会的决策权限有明确的规定。公司内部有一整套的决策体系和流程与之配套。而民营企业或自然人为实际控制人的上市公司,虽然也需要经过董事会或股东大会的审批,但往往领导者个人就可以作出重大决策。其次,对于投资、资本运作、财务管理等有严格的集中管理和机制保障。国资委也力推在央企实现财务集中管理,并对投资管理有严格要求。比如在中国五矿集团公司,所有的项目投资都需要经过集团公司审批同意方可启动。另外,政府作为监管主体,可直接介入对国企的内外部监督。对央企而言,国家国资委、发改委对央企内部重大经营投资活动有审批和介入的权限,如海外项目投资,需要报发改委、国资委审批,同意后方可推进相关投资活动。国企尤其是央企的决策机制要明显更加民主。

2. 从监督体系上看,央企具有独特的内外监督

除了需要共同遵守的国家法律法规、证券监管制度等外,国企的监督主体更加多元,监督的手段也更加多样。首先,国企内部有更完备的内控体系。非国企所属上市公司,实际控制人为了决策的科学有效,以及确保自己的决策权,往往会在机制设置上制定倾向于尽量减少对自己控制权的限制。而国企尤其是央企,由于规模较大、历史较长,经营者更加倾向于通过完备的制度体系和决策体系，减少自己对重大决策承担的风险。而且，国资委也在国企力推内控体系建设，其制度体系更加完备。其次，虽然国企所属上市公司往往存在国有股一股独大的状况，使得公司治理机制中董事会、股东大会的监督权限大打折扣，但国企内部同样存在诸如党组织、纪检监察部门、工会等常设机构，同样发挥着对经营者监督的公司治理机制的替代职能。国资委在央企派驻的监事会、前几年力推的独立董事制度，使得央企内部形式上及一定程度上发挥了公司治理监督机制的功能。同时，与民营企业不同，国企尤其是大型央企，国家审计署将不定期对其开展专项审计，其审计的独立性、全面性和深入性，以及由此产生的监督效应非常突出，进一步加强了经理层规范运作的制度保障。另外，对国企高管而言，社会声誉及负面新闻对其个人职业生涯以及职务升迁等具有重大影响。如果通过不规范甚至违规行为，比如盗取上市公司利益实现国有股东的资产增值，个人会面临难以承受的风险。因此，国企作为实际控制人的上市公司，一般经营运作会更加规范透明。

总之，由于国企存在的所有者缺位的问题，以及独特的考核机制，使得实质控制人(往往是经营层)理性行为的模式发生变化，减弱损害上市公司利益实现个体利益的最大化行为。尤其是在形式多样且日益强化的内外监督体系上，国企对上市公司的运作管理尤其规范，相应的制度、机制乃至政府等监督考核方面的直接介入，一定程度上代替公司治理机制发挥了其对经营者决策的限制和有效监督作用。因此可以得出结论，国企所属上市公司，不易发生掏空等损害上市公司的行为；而非国企背景的上市公司，实际控制人更倾向于违规操作，发生盗取或侵害上市公司的行为。从而也验证了第 4 章的实证结论，即相对于国企背景的上市公司，非国有企业背景的上市公司中，公司价值与两权分离度的负相关关系尤其显著。

6.3.2 央企所属上市公司对行业冲击更加敏感的现实解释

在实证研究选取的时间范围内，爆发了全球金融危机，金属行业作为国民经济发展的基础行业之一，受到了巨大冲击，从一定意义上为研究行业冲击下不同金字塔结构上市公司绩效的变动情况提供了有利的研究时机。而我国 A 股金属类上市公司的经营绩效普遍受到直接影响，这一点也在实证研究部分，通过行业平均利润率与公司绩效的显著正相关关系得到了验证。依照一般理解，国企尤其是央企所属上市公司由于规模较大，抵御风险冲击的能力应该相对较高，因而应该在公司绩效上会有更加稳健的表现。也就是说，央企所属上市公司经营绩效对行业冲击的敏感性应该相对较弱，但实证结论却与此相反。关于这一问题，我们从央企经营的特点和外部制度环境出发进行解释。

（一）危机阶段：央企所属上市公司应对行业冲击的灵活性较差

通过对 2011 年中国 A 股金属类上市公司观察，可以发现央企所属上市公司具有更大的资产规模。

表 6－6　央企、地方国企及非国企所属上市公司历年平均规模对比表

类　别	Asset2007	Asset2008	Asset2009	Asset2010	Asset2011
行业整体平均	1 068 439.96	1 186 469.016	1 361 993.766	1 560 341.702	1 766 923.579
地方国企所属平均	1 313 626.742	1 515 458.641	1 816 393.794	2 072 970.191	2 455 529.552
非国企所属平均	916 491.604 2	990 853.563 6	1 091 809.966	1 255 535.573	1 357 482.19
央企所属平均	2 853 453.007	3 214 032.858	3 360 011.415	3 642 100.939	3 979 405.858

从上表可见，央企所属上市公司平均资产规模远高于行业平均水平。2007～2011 年央企所属上市公司总资产分别是非国企上市公司平均水平的 3.11、3.24、3.08、2.90 和 2.93 倍，是地方国企所属上市公司总资产平均水平的 2.17、2.12、1.85、1.76 和 1.62 倍。

从营业收入看，同样可以得到央企所属上市公司营业收入要显著大于地方国企和非国企所属上市公司营业收入的结论。而具有更大的资产规模和营业收入，也就意味着在行业冲击来临时，会由于其规模过于庞大，遭遇船大难调头的问题。尤其对于金属矿产行业而言，比如金属冶炼、矿山开采等行业，产能的停止将带来巨大的沉没成本(比如电解铝冶炼槽的停工不能短期内一下子停止，而且复工成本也非常高)，这也使得央企所属上市公司不能像小规模的民营企业一样，快速转换经营方向乃至主营商品，只能被动接受行业冲击。

(二) 危机应对：央企社会责任将放大危机对公司绩效的冲击

相对于非国有控股上市公司，国企尤其是央企还面临社会责任的履行问题，金融危机期间，央企难以采取压缩工资、裁撤员工等非常规的止损举措，比如，中国五矿集团公司在金融危机期间，提出了“不减员、一线员工不降薪”的举措，此类举措出自于社会责任的压力，从经济效益上看是不经济的。此类举措将进一步减少上市公司应对行业冲击的灵活性空间，加剧其经营压力，导致经营绩效的更大波动。

(三) 复苏阶段：央企所属上市公司更容易快速复苏

金融危机爆发后，世界各主要经济体国家推出了一系列拯救经济的举措，从 2008 年二十国集团华盛顿金融峰会开始，世界各国通过采取积极的财政政策和适当的货币政策，力图克服当前的金融和经济困境。

从财政政策看，各国推出了积极的经济刺激计划。美国作为此次金融危机爆发的肇始地，采取了总额达 7 870 亿美元的一揽子经济刺激计划；欧盟出台了总额高达 2 000 亿欧元的经济刺激计划；日本继 2008 年公布总额为 26.9 万亿日元的经济刺激计划后，又宣布了一项总额约为 23 万亿日元的经济刺激计划；中国政府于 2008 年出台投资规模达 4 万亿元人民币的经济刺激计划，以刺激经济增长。

从货币政策看，全球各主要经济体持续下调基准利率，美国联邦储备委员会降息至零附近；欧洲中央银行将主导利率由此前的 2%降至 1.5%；日本中央银行于 2008 年 12 月份将银行间无担保隔夜拆借利率从 0.3%下调至 0.1%；中国人民银行 2008 年 11 月中旬宣布大幅降息，调整幅度创 11 年之最。除调整利率外，各国还灵活运用其他货币政策工具，调节市场流动性，刺激信贷回暖和经济复苏。

而经济复苏的过程中，央企所属上市公司拥有更加便利的条件：

1. 央企拥有更有利的信贷融资等快速复苏的条件

一般而言，央企有其行业骨干地位会具有更强的议价能力，以及政府政策的贯彻执行能力，尤其是央企具有的强大的融资能力成为其市场竞争的重要先天优势，一度成为学术界热议的“国进民退”的重要原因。

关于央企与民企融资成本的差异，相关媒体也曾经做过实际调查。根据了解，在房地产行业，拥有央企背景的华润置地2012年初的平均融资成本约3.6%；而地方国企背景的陆家嘴集团同期平均融资成本大约在5%以下；部分民营企业在谈的信托借款成本甚至高达惊人的20%以上。[①] 同样，在金融危机后经济复苏过程中，央企在信贷支持、市场融资上率先得到了大量低成本资金的支持，央企背后的金字招牌促使了央企的快速复苏和崛起，导致了其经营绩效的大幅波动。

同时，央企背景的上市公司，还可以通过母公司集团授信，或依托内部信托业务发行产品获得多渠道的资金支持。正是由于此种原因，很多民营企业乃至行业知名的民营企业，往往倾向于和央企合作，比如万科集团，近年来先后和中粮、五矿等央企合作，以争取更加有利的政策支持。金属矿产行业同样存在此类情况，由于融资渠道便利以及融资成本较低，使得央企及其所属上市公司得以在市场机遇来临时率先复苏。

2. 央企具有更加有力的政策支持

经济复苏过程中，国家在采取财政、货币政策等宏观调控政策的同时，也配套出台了一系列行业政策，刺激相关行业发展。央企作为行业骨干，具有更好的政策执行力和行业带动力，从而成为政策支持的重点，如金融危机后我国政府推出的《十大产业振兴发展规划》等，央企是此类政策的最大获益者，而且在财政资金政策、土地利用、国家补贴等方面得到了额外支持。

在经济恢复过程中，国家也在推进产业调整，贯彻新的行业发展战略导向。其中，央企也是政策的实施主体。比如《有色行业“十二五”发展规划》明确提出未来将形成三至五个综合性企业集团，产业结构调整升级是重中之重；指出为推动产业升级，国家将采取具体的实施办法，即“鼓励有实力的铜、铝、铅锌等企业以多种方式进行重组，实现规模化、集团化，提高产业竞争力。支持大型骨干企业实施跨地区兼并重组、区域内重组和企业

---

① 央企低成本融资具先天优势 民企竞争力渐失，新浪财经[EB/OL]. http://finance.sina.com.cn/china/20120815/02/612849034.shtml，2012-08-15.

集团之间的重组;支持铝企业与煤炭、电力企业进行跨行业的重组;鼓励再生金属企业间重组。”①这对央企及其所属上市公司绩效增长将带来正面影响。

2010 年 9 月,国务院发布《关于促进企业兼并重组的意见》,明确提出要在六大行业推进提高产业集中度。国资委近年来表示主要任务之一是继续推进企业联合重组和整体上市。工信部也多次表示要严格控制金属行业冶炼产能过快增长,加速淘汰落后产能,推进兼并重组,鼓励煤、电、铝跨行业重组。

可见,近年来政策导向是鼓励和支持央企做大做强,推进产业重组,提高产业集中度,并打造一批具有国际竞争力的企业集团。在相对有利的政策背景下,央企在金融危机后的复苏阶段,实现更加强劲的业绩恢复和增长也是意料之中。

总之,在行业冲击来临时,央企所属上市公司由于多方限制,会使其抵御市场冲击的能力降低;而在危机平复阶段,央企所属上市公司由于独特的政策支持优势和先天条件,更容易快速崛起。因此,在公司绩效表现上,央企所属上市公司相对于行业冲击会表现得更加敏感。

① 《有色金属行业“十二五”发展规划》发布,中国知网[EB/OL]. http: //xuewen. cnki. net/cjfd-sfyj20120216. html.

第7章　金字塔结构现实演变的案例分析

就我国金属行业A股上市公司而言，其控股、管理关系的构建和形成受制于多个外部制度因素，以及我国经济体制改革等历史因素。因而，研究金字塔控股结构，不但要从理论研究的角度入手，还要结合整个行业发展的大背景展开。本章将以中国五矿集团公司所属上市公司控股结构的演变为案例，结合相关行业发展和政策因素，进一步分析影响我国A股金属类上市公司控股结构的问题，并在具体案例分析的基础上，提出相应的政策建议。

7.1　案例公司概况及金字塔控股结构情况

7.1.1　案例公司概况

中国五矿集团公司前身是中国五矿矿产有限责任公司，自1950年成立后，长期发挥着我国金属矿产品进出口主渠道作用，公司是全国首批39家涉及国家安全和国民经济命脉的国有重要骨干企业，并被国务院确定为全国首批55家企业集团试点。公司坚持“珍惜有限，创造无限”的发展理念，主要从事金属矿产品的勘探、开采、冶炼、加工、科技、贸易，以及金融、房地产建设、矿冶科技等业务，是我国金属矿产行业的领头羊之一。

2004年开始，中国五矿集团深入推进战略转型，企业形态发生巨变，从过去单一从事进出口业务的专业外贸公司，转变成为内外贸统一、工矿业并举、上下游一体、产业链健全的综合性、资源型的金属矿业企业集团。经营范围遍布全球五大洲 26 个国家和地区，拥有约 17 万海内外员工，控股 9 家境内外上市公司。2012 年，中国五矿实现营业收入 3 250 亿元，利润总额过百亿元。在全球 500 强中排名前 300，位居全球最大金属类公司第四位。

近年来，中国五矿集团整体发展的重要特点就是实业化进程明显加速。一是兼并重组了中央企业和地方国企。中国五矿集团先后并购重组了江钨集团、邯邢冶金矿山管理局、营口中板厂、湖南铁合金集团、湖南有色等十余家中央和地方国有企业，并将其纳入五矿集团产业链一体化框架下，实现了专业专营和战略协同。二是积极实施“走出去”战略。2008 年与江西铜业联合收购北秘鲁铜业 100%股权，同年收购世界第五大微型钻头和铣刀生产企业德国 HPtec 公司，2009 年收购澳大利亚第三大矿业公司——OZ 公司主要资产，2012 年初实现收购 Anvil 矿业公司，利用资本市场打通国际化通道。三是进行直接投资。2005 年与中国铝业、广西投资集团共同投资 85 亿元建设华银铝业有限公司，是我国铝工业一次性投资最多、建设生产规模最大的项目。另外还投资建设了香炉山钨业公司，以及稀土产业的多家企业。

7.1.2 案例公司旗下上市公司情况

截至 2012 年底，中国五矿集团公司控股上市公司八家。

（一）五矿发展

1997 年 5 月在上海证券交易所上市，最新流通股本 107 191.071 1 万股，主营业务为钢铁及其炉料(包括铁矿砂、生铁、废钢、焦炭等)的自营和代理进出口业务。该公司还从事进出口货物的运输和运输代理、仓储、保险业务，经营国际金融组织贷款和日本输出入银行能源贷款的直接采购和招标采购等业务，以及钢铁冶炼(营口中板厂)、酒店(北京香格里拉酒店)等。其中，钢铁及炉料的贸易业务占该公司营业收入的绝对多数。

控股股东与控制人：中国五矿股份有限公司为控股股东，占 62.56%。公司实际控制人为中国五矿集团公司(持有中国五矿股份有限公司比例 88%)。最终控制人为国务院国资委。

(二) 株冶集团

株冶集团是 2000 年 12 月依法由原湖南火炬有色金属有限公司整体变更设立的股份有限公司。之后，湖南省国资委将省内多家有色企业联合组建湖南有色金属控股集团公司，并以湖南有色金属控股有限公司在港交所上市。2009 年，中国五矿集团公司战略重组湖南有色，其后伴随一系列股权调整，由中国五矿集团公司旗下五矿有色金属控股有限公司为主体，控股湖南有色金属控股集团公司 100%股权，从而间接控制湖南有色旗下株冶集团，使中国五矿集团公司成为株冶集团实质控制人。

株冶集团股权结构中，第一大股东株冶集团有限责任公司占 44.49%，限售流通股占总股比的 51.02%(含株冶集团拥有的 44.49%)。

(三) 金瑞科技

金瑞科技是由冶金工业部长沙矿冶研究院，联合湖南华菱钢铁集团有限责任公司等多家企业共同发起，于 1999 年 8 月设立的股份有限公司。公司拥有亚洲最大的四氧化三锰厂和国内最大的电解金属锰生产基地之一，主导产品四氧化三锰国内市场份额保持在 60%以上，另外经营电解金属锰、软磁铁氧体磁芯等电子基础材料产品及超硬材料产品。2006 年，中国五矿集团公司战略重组同为中央企业的长沙矿冶院，从而成为金瑞科技的实际控制人。

(四) 五矿旗下香港上市公司

1. *五矿建设*

五矿建设有限公司(前称“东方有色”，简称“五矿建设”，上市公司代号 0230)是中国五矿集团公司房地产业务的重要单位及香港上市平台。公司以房地产开发和建筑为主业，辅以物业投资和制造及贸易业务。国资委将地产业务核定为中国五矿集团公司的主业以来，五矿建设加大了国内市场布局，业务领域覆盖珠三角和南京等一些内地城市，建筑业务则以上海为中心，辐射全国。从股权关系看，中国五矿集团公司通过位于香港的控股主体——中国五矿香港控股有限公司持有五矿建设约67.93%股权，是五矿建设的实际控制人。

2. *五矿资源*

五矿资源有限公司(简称“五矿资源”)在香港联合交易所主板上市，(股票代号1208)。公司及其附属公司主要从事有色金属经销、制造及铝、铜制品分销。中国五矿集团公司为公司之最终控股股东。

五矿资源(前称“东方鑫源”)于1988年7月29日在香港注册成立，1994年12月15日起，该公司在香港证券交易所主板上市。该公司自注册成立以来，一直从事有色金属、矿产品及半制成品的生产和贸易。2004年1月12日，中国五矿集团公司完成对该公司的债务及资本重组，中国五矿集团公司成为该公司的实际控制人。2010年，中国五矿集团公司将其所收购澳大利亚OZ公司资产注入五矿资源，并将该公司原上市的铝资产置换，从而将其打造为中国五矿海外有色基本金属资源开发的旗舰平台。

3. *湖南有色*

湖南有色金属股份有限公司，主要从事有色金属的开采及冶炼以及硬质合金、钨、钼、钽、铌及其化合物的制造。湖南有色金属控股集团有限公司拥有该公司53.08%的股份，为控股股东。2009年，中国五矿集团公司战略重组湖南有色金属控股集团有限公司，并随着一系列股权调整，成为该公司的实际控制人。

(五) 五矿旗下其他A股上市公司

1. *关铝股份*

山西关铝由山西省运城地区解州铝厂联合山西省经济建设投资公司等单位于1998年9月共同发起，同年6月1日发行公众股后上市。主营业务为普通铝锭、铝材、铝制品、氧化铝粉及各种有色金属生产冶炼。中国五矿股份有限公司持有该公司29.9%的股权，自然人黄木秀为第二大股东，持股4.34%。中国五矿集团公司为该公司实际控制人。自2011年3月开始，山西关铝被深交所停牌，2013年，该公司恢复上市，重组方案获得证监会通过，中国五矿集团公司旗下核心稀土类业务资产将注入该上市公司，原上市公司铝业务资产置换。

2. 中钨高新

公司前身系海南金海原材料实业公司，1996 年 11 月首次公开发行上市。其主营业务为硬质合金和钨、钼、钽、铌等有色金属及其深加工产品和装备的研制、开发、生产、销售及贸易业务。湖南有色金属控股有限公司占有该公司 35.28%的股份，为第一大股东。该公司实际控制人为中国五矿集团公司。因连续亏损，中钨高新一度被深交所停牌，2013 年 2 月，该公司恢复上市。

上述关铝股份、中钨高新两家企业长期停牌，而五矿发展由于主营业务为黑色金属矿产品的贸易流通，被列入商贸类公司之列，五矿建设、五矿资源、湖南有色因香港上市，上述六家上市公司被排除在第 4 章、第 5 章实证研究样本范围之外。通过五矿所属各上市公司实际控制人变更过程以及股权结构的历史形成分析，可以从侧面了解中国金属类上市公司对金字塔结构选择的相关问题。

7.1.3　案例公司管理关系及金字塔结构特征

相对于部分整体上市的中央企业，中国五矿所属上市公司是分散上市的，而且与部分央企分业务板块上市的做法不同，中国五矿旗下并非所有核心业务资产均实现上市。比如在中国五矿有色业务、黑色流通业务、黑色矿业、金融、地产建设和科技六大业务中心中，盈利能力最强的有色业务中心虽然以五矿有色金属控股有限公司为实体运作的平台，但并未上市，盈利能力居前的黑色矿业中心、金融业务中心也未上市。其上市公司由很多历史和现实因素造成，分散上市也意味着母公司往往要通过多级控制链条，实现对上市公司的实际管控，具体如图 7－1 所示。

需要说明的是，在中国五矿所属上市公司控股关系图中，仅对该公司所属上市公司股权控制链条加以说明，具体管理关系与控股关系并非完全重合。在五矿所属上市公司中，其虽然通过金字塔控制链条实现对上市公司的控股，但不同上市公司与实际控制人——中国五矿集团公司的控股关

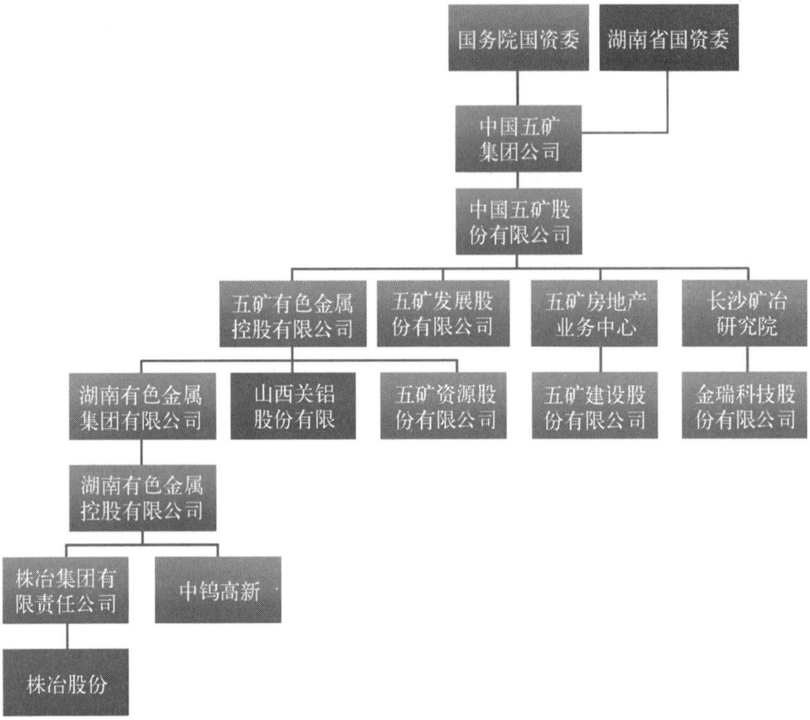

图 7－1　中国五矿集团公司所属上市公司控制股权控制链

系并不相同，比如从控制链条长度看，对五矿发展的链条层级是 2，对山西关铝、金瑞科技、五矿资源、五矿建设是 3，对湖南有色控制链条长度是 4，中钨高新是 5，对株冶集团则是 6。

7.2　案例公司所属上市公司控股结构的不同演变模式

既然学术界已经对控股结构与上市公司价值及绩效的关系作出了论证，为何终极控制人不选择统一有利的控股架构？从实践来看，对控股架构的选择不仅要考虑终极控制人自身利益，更受到外部政策、制度以及兼并收购等行为的直接影响。关于中国五矿集团公司旗下上市公司控股架构的形成，部分是在大的行业政策背景下主动实施的，更多则是依据政策调整导向以及自身资本运作实现的。下面将根据公司自主上市、市场兼并收购、行业重组三类，分别介绍各上市公司的由来，以对当前我国A股金属类上市公司控股架构的形成作出部分解释。

7.2.1 自主选择：政策引导下的自主上市

对于中国五矿等央企而言，旗下资产的上市既是公司自主选择的结果，也受到整个行业政策大环境的影响。在该公司旗下八家上市公司中，五矿发展就属此类，而从宏观环境和政策因素看，五矿发展上市决策的作出以及上市模式的选择，也不可避免受到了政策影响。从整个政策演进过程看，国企改革的逐渐深入对五矿发展的上市起到了重要作用。

五矿发展的上市是在1997年，当时国家对国企改革的整体背景是，1993年十四届三中全会提出建立现代企业制度，鼓励国企加速上市，从产权改革的角度增强国企股权多元化，而且通过对上市公司的法律要求，整体上提高国企公司治理的效能，加强现代企业制度建设。在此期间，一批国企将旗下核心资产上市，形成国企上市的第一次热潮。国企多数选择了部分资产上市的做法，很少有企业采取整体上市的模式。当然，采取部分资产上市的做法，也源于客观上当时央企广泛存在的主辅业不分、债务负担沉重、企业办社会等历史包袱，完全彻底地实现公司改制上市，难度较大。五矿发展就是在此次上市热潮中，结合国企改革导向自主实施的产物。

7.2.2 市场选择：市场并购新增的上市公司

在中国五矿所属八家上市公司中，有四家上市公司是通过市场兼并收购，从而导致实质控制人和控股股东的转移而新增的，包括株冶集团、湖南有色、关铝股份和中钨高新。

其具体运作情况为：

2009年3月,山西关铝集团将其持有的1.95亿股公司股份过户到中国五矿集团公司,五矿集团正式入主关铝股份,占公司总股本的29.9%,山西关铝集团有限公司则持有公司4.61%股份。

2009年12月,湖南省国资委、湖南有色控股、中国五矿集团公司及五矿有色金属控股有限公司等相关各方签署了对湖南有色控股的增资协议。五矿有色控股以55.95亿元向湖南有色控股增资扩股,获得湖南有色49%的股份。之后,相关四方又签署了关于湖南有色控股的无偿划转协议,湖南省国资委将其持有的湖南有色控股2%的股份无偿划转并交由五矿有色控股管理。股权划拨完成后,中国五矿集团公司合并持有湖南有色控股51%的股权,成为持股过半数的控股股东,湖南国资委持有该公司剩余49%股权。在重组完成之后,中国五矿集团公司通过在内部开展一系列股权调整,将湖南省国资委对湖南有色的权益让渡给五矿有色控股,从而使五矿有色控股实现对湖南有色100%的全资控股。随着战略重组湖南有色的完成以及股权调整,原湖南有色控股旗下的湖南有色金属股份有限公司(港交所上市)、株冶集团、中钨高新等三家上市公司实际控制人变为中国五矿集团公司。

7.2.3 行业重组:政策导向下的自愿结合

在中国五矿所属八家上市公司中,除自主上市的五矿发展以及其他四家通过市场兼并收购而控制的上市公司,还有在国家政策导向下,相关行业企业自愿结合的情况。

五矿建设和五矿资源前身是东方有色及东方鑫源,为中国有色(香港)控股的两家上市公司,而中国有色(香港)控股为中国有色金属工业总公司旗下企业。1998年,中国有色金属工业总公司解体,取而代之的是国家有色金属工业局。有色金属工业局顺理成章地成为东方有色和东方鑫源的最终控股股东。但2000年,有色金属工业局又被撤销,旗下资产包括中国有色(香港)等,被转移至中国五矿集团。有色金属工业局旗下的中国有色金属工业贸易集团并入了中国五矿集团公司。2002年5月,香港高等法院正式颁令中国有色(香港)控股清盘。之后,国家将东方有色及东方鑫源两家在港上市红筹股公司划归中国五矿集团公司管理。在接收两家上市公司后,中国五矿集团公司作为实际控制人,将两家上市公司的资产进行了调整置换,并分别更名为五矿建设和五矿资源,目前已分别成为五矿旗下房地产业务、有色金属上游国际资源开发业务的平台公司。

2009 年 10 月,经国务院批准,同为央企的长沙矿冶研究院和鲁中冶金矿业集团公司并入中国五矿集团公司,成为其全资子企业,从而长沙矿冶研究院旗下上市公司金瑞科技的实际控制人也变为中国五矿集团公司。

从以上中国五矿所属上市公司的组建以及控股结构的形成可见,金字塔结构的形成并非简单的理论推演和自主实施的结果,更多存在着机遇和偶然的因素,市场选择和政策背景在其中发挥着重要作用。虽然各上市公司控股关系各不相同,形成原因也存在差异,但从中国五矿这一案例,可以一定程度上说,我国 A 股金属类上市公司目前控股架构的形成,更多的是市场和制度选择的结果,是历史演变的产物。

7.3　影响上市公司控股结构的政策和市场背景

7.3.1　外部市场的快速发展导致了终极控制人性质的多元

近年来国民经济快速发展,我国金属行业快速崛起。2012 年,中国的 GDP 达到 246 619 亿元,成为世界第二大经济体。我国经济的飞速发展,推动了金属矿产行业的快速发展。我国经济正在经历着工业化的转型,伴随着基础设施建设的飞速发展和大型厂房仓库等设施的建设,势必引起对金属产品的大量需求,并导致钢铁、有色金属等冶炼产能快速提升。据统计,2012 年我国粗钢产能达 7 亿吨,占全球总产能的半数以上,10 种主要有色金属产能连续多年保持全球第一。

在行业市场快速增长的同时,我国资本市场也在快速发展。

行业市场和证券市场的快速扩容和发展，推动了我国金属类上市公司市值规模的大幅提升，随着市场化改革的深入，上市公司终极控制人性质也进一步多元，逐步由国企占绝对多数的局面转变为国企、非国企广泛并存的格局。根据2011年底的数据看，118家金属类上市公司中44家为地方国有上市公司，其中19家是国资委控股企业，即属于中央企业序列的上市公司。国企所属上市公司总数为62家，非国企上市公司56家。可见，上市公司群体中，实际控制人广泛包含国企和非国企企业。

7.3.2 产业集中度的演变强化了金字塔控股结构特征

改革开放以来，我国金属行业产业集中度经历了从集中到分散再到集中的政策转变过程。至20世纪末，国家对金属行业专营权逐渐放开，越来越多的民营、外资企业投入到金属行业中来，导致从20世纪70年代初到20世纪末，有色金属矿业行业集中度明显呈下降趋势。根据产量分布分析，我国金属矿产大中型企业的产出比重由1985年的60.85%下降到1995年的38.5%，同期各种小型企业产出比重由39.15%上升到61.5%。从企业数量看，1985～1995年十年间，金属矿业企业由近2 000家发展到近10 000家，规模以上经营约3 500家。

虽然我国金属类公司整体实现了快速发展，但大而不强的问题自21世纪以来表现得尤为突出。一是矿产品国内供应保障能力不足，铁矿石、铜精矿、铝土矿等基本金属矿产资源对外依赖严重；二是市场优势并未转化为市场话语权，我国虽然是很多重要矿产品第一消费大国，但市场话语权却掌握在国际矿业巨头手中；三是对稀土、钨等我国拥有资源优势的商品，由于无序经营、恶性竞争，一度卖出白菜价，国际市场地位不高。

产业集中度不高，催生了新世纪以来尤其是“十一五”以来产业重组的热潮，国家也出台了钢铁等重要行业的专项产业重组政策，并提出了提高产业集中度的具体目标。比如国家工信部就曾经明确表示，“十二五”期间，我国将以汽车、电解铝、稀土、电子信息、医药、钢铁、水泥、机械制造等八大行业为重点，推动以行业骨干和优势企业为主体强强联合，实施跨地区兼并重组,加强境外并购和投资合作,提高产业集中度。近年来鞍钢、宝钢、首钢等通过兼并重组持续推进产业重组,山东钢铁、河北钢铁集团也先后组建。根据工信部 2012 年数据显示,目前中国粗钢生产企业有 500 多家,排名前十位的企业粗钢产量已占全国总产量的 48%。

产业集中度的提高,主要途径是依托行业骨干企业兼并重组,从而导致我国部分中小规模的上市公司被大型骨干企业收购,比如中国五矿对株冶集团、中钨高新、关铝股份、金瑞科技等上市公司的收购或重组,从而使最终控制人与上市公司之间的股权关系更加复杂,并一定程度上强化了广泛采用金字塔控股结构的状况。

7.3.3　国企改革的整体进程对上市公司控股结构有直接影响

国企改革作为经济体制改革的重点环节,先后经历了放开承包经营权和抓大放小等不同的改革阶段。20 世纪 90 年代,国企改革的重要特征之一是产权改革,国家也在积极推动相关行业骨干企业尤其是中央企业上市融资,而当时由于央企广泛开展多元化经营,往往将旗下上市公司部分核心主业上市。因此,此阶段国企上市的特点是部分上市,五矿发展的上市也是在这一大背景下推进实施的。

国资委成立以来,进一步强调中央企业聚焦主业,对房地产、金融等非主业剥离,以打造世界一流骨干企业为目标,推进央企整体上市,优化央企公司治理。目前,很多央企包括中国五矿也在考虑整体上市的事项,如果国家政策导向不变,可以预见会有更多的行业央企实现整体上市。

就国企尤其是央企而言,从整个股权管理体系看绝大多数是金字塔型的,有多个股权控制链和管理层级。而从部分上市到整体上市政策导向的转变,将逐步导致国企终极控制人与上市公司股权关系的变化,从原先通过多链条金字塔控制的模式,转变为更为直接的控股结构,国资委或者央企集团作为大股东直接存在于整体上市后的上市公司中。随着整体上市的逐步深入,相信央企上市公司股权结构将更加简化和扁平。

7.3.4 央企的产业拓展进一步加剧了股权结构的复杂性

(一) 央企产业拓展的背景

在20世纪90年代,国有企业进行过一轮产工贸相结合的多元化拓展。实践证明,分散经营、主辅业混杂的模式不利于国有企业的做强做大。新世纪以来,尤其是国资委组建以来,重新核定央企的经营主业,并强调在项目投资、业务拓展上着重坚持聚焦主业的原则。

市场经济体制改革和新的市场环境给中央企业的传统业务带来了新的压力,中央企业自身也有着转型发展的需要。比如中国五矿集团公司所处的商贸类中央企业就在发展过程中遇到发展受限的问题,突出地体现在商贸类中央企业的生存空间进一步受到挤压。外贸专营权取消后,国内涌现出许多专门从事外贸经营活动的民营企业和外资企业,市场竞争程度更加惨烈。同时,伴随着信息化及现代物流业的快速发展,生产企业和终端用户之间交易成本降低,委托代理的购销模式正逐步被生产企业自身销售网络替代。其他行业的央企也同时面临着市场化改革的问题。在应对市场化检验的同时,中央企业同时面临着中国经济快速发展的机遇,尤其近年来国民经济保持了持续高速的增长,给包括中央企业在内的所有企业都提供了快速发展的机遇,也使企业自身产业拓展的紧迫性进一步增强。

(二) 中央企业产业拓展的具体途径

在此背景下,中央企业加快了转型步伐,并在实践中表现为纵向一体化转型、横向一体化转型和混合一体化转型三种模式。

第一,纵向一体化转型——延伸产业链战略。纵向一体化转型是指企业依托传统的产业链环节(比如上游资源或下游贸易)优势,介入所经营商品的其他产业上中下游领域。通过控制整条产业链或者产业链的多个关键环节,实现协同效应,降低产业链各交易环节的不确定性,规避市场经营风险,增加企业的盈利点。

第二,横向一体化转型——多元化战略。横向一体化转型是指企业在保持原有商品经营的基础上，进入其他未曾涉足的新的经营领域。企业横向一体化转型往往伴随着企业的兼并、收购、重组等一系列资本运作，通过企业之间的兼并重组达到快速进入新经营领域的目标。而在国资委聚焦主业的整体要求下，央企多元化战略一般是适度多元化，或关联业务的多元化，需要在国资委核定的企业集团的主业范围内开展。

第三，混合一体化转型。混合一体化转型就是企业在转型路径的选择上，综合运用横向一体化和纵向一体化两种模式，不仅延伸产业链条，并且涉足多元化经营领域。混合一体化是很多中央企业转型过程中采取的方式，只不过典型程度不一而已，某些企业更多地体现出横向多元化经营的特点，某些企业则更多地体现出纵向一体化的特点。

无论是横向一体化还是纵向一体化，中央企业都要依靠兼并收购来贯彻落实其发展战略，而兼并收购必然将增加央企集团整个股权架构的复杂性，并导致金字塔控股结构的广泛存在。

（三）产业拓展导致股权结构复杂性的其他案例

除了中国五矿集团公司的案例外，多数央企均在 21 世纪快速发展期实现了业务的大规模拓展，并导致了企业内部复杂股权关系的存在，以下通过另外两个案例分析佐证。

1. 中粮集团

中粮集团是国资委直接管理的商贸类中央企业之一，其历史上是一家粮油类产品的专营公司。近年来中粮集团积极开展实业化步伐，从贸易业务向粮油产品的生产加工业务转型，构建了一体化的产业链条，随之开展的一系列兼并重组也使中粮集团的整个控股关系更加复杂。

从 2004 年 8 月开始，中粮对新疆屯河进行收购、注资、减债，此后，通过进一步收购股权注入糖产业，并通过定向增发股票等多种手段实现了对屯河公司的控制。

2004 年 12 月，中粮在地产业务领域，受让深宝恒近 60%股权。之后，中粮地产进一步完成股改和股权调整工作。2006 年 4 月，正式更名成立中粮地产，中粮集团旗下房地产业务拥有了强大的资本运作平台。

在食品加工领域，2005年中粮集团收购了37%华润生化、100%华润酒精和20%吉林燃料乙醇的股权。2006年又购买了丰原生化2亿股权，以相对多数股份实现控股。2006年中粮将生物燃料和生化业务注入香港上市公司"中国粮油"。

2006年3月，国资委支持中粮集团收购中谷粮油集团公司。在新的产业结构下，中粮制订了重组香港上市公司"中粮国际"并分拆新的农产品加工业务上市的构想。2006年底，"中粮国际"完成饮料业务和农产品加工业务的注资，同时启动分拆上市工作。2007年3月21日，中国粮油分拆上市成功。

至此，整个中粮系拥有了多家上市公司，而对实际控制人中粮集团而言，通过金字塔控股结构形成了庞大的产业集群。

2. 华润集团

自20世纪90年代中期开始，传统的自营贸易业务受到较大挑战。形势迫使华润集团寻找贸易及相关领域之外的投资机会。华润开始尝试对非贸易领域进行投资，开始探索向实业的转型。其下属的二级公司开始投向银行、保险、通讯、能源、地产、公路、隧道、森林、农业、酒店、旅游等领域。到90年代中后期，华润在多元化实业形成了一些优质资产，华润将这些优质资产组合为多间公司先后上市，规模日益壮大。借助当时有利的资本市场，建立市场化运营机制，实现做强、做大企业的战略构想。到1999年，华润已经从贸易领域安全退出。经过华润的培育，这一阶段众多的投资项目中出现了一些亮点，成为日后华润产业支柱的雏形，到2004年的时候华润有很多的上市企业。

至2007年初，华润集团三大经营领域(日用消费品制造与分销、地产及相关行业、基础设施及公用事业)、四大主业(地产、啤酒、零售、电力)的实业格局已经形成，主营业务的市场地位基本确立(见表7-1和表7-2)。同时，多元化也使得华润集团控股了多家不同行业的上市公司，而且因为行业领域的不同形成了华润集团典型的金字塔控股结构特征。

表 7-1　华润集团主营业务的市场地位

龙头企业	2006 年行业地位
华润啤酒	产销量已居全国第一，主品牌雪花啤酒销量全国第一，ROE、ROIC、吨酒税后利润全国第一。
华润万家	全国连锁超市第二(如计入 2007 年新并购的家世界，经营规模跃居全国第一)。
华润电力	全国第六大独立发电商，经营效率和获利能力居火电业之首。
华润置地	上市公司——华润置地，在建项目 25 个，进入的城市扩展到 14 个，经营规模全国排名第 5。

表 7-2　华润集团主要利润中心主营业务生意模式

业务单位	生意模式	业务单位	生意模式
华润电力	低成本竞争，常熟模式	华润深圳	万象城都市综合体
华润创业	综合消费品制造与销售	华创物业	新之城时尚概念
华润置地	综合地产发展	华润大厦	三里屯、山顶物业创新
华润啤酒	蘑菇式发展、SAB	木棉花	商务酒店以及酒店公寓
华润水泥	水泥、混凝土、预制件业务垂直一体化		

通过中粮集团、华润集团的案例可见，央企近年来主动开展的一体化及多元化拓展，成为国内资本市场的一大时代特点。伴随一系列兼并收购行为而来的，则是央企所属上市公司股权的多样性和复杂性以及间接控股和金字塔控股结构的普遍存在。

第8章　对金字塔控股结构研究的结论和建议

8.1　主要研究结论

本书围绕金字塔结构与上市公司价值和公司绩效的关系这一核心问题，综合运用模型分析、实证检验、现实解释和案例分析的方法，从理论与实践相结合的角度，系统研究了我国金属类上市公司金字塔结构问题，得出以下结论：

8.1.1　金字塔结构与公司价值、公司绩效存在重要的相关性

金字塔控股结构具有存在所有权与控制权不对等、控制层级多等典型特征。而该典型特征的存在使得公司最终控制人可以较少的现金流权实现对上市公司的有效控制，并基于实际控制人自利动机，会出现对上市公司的掏空或“反向支撑”行为，从而降低或提升上市公司的价值。通过研究发现，在资源边际效用不同的假设下，终极控股股东既有侵害底层公司的动机，也有支持底层公司的动机，即侵害或支持行为是相机变化的，主要取决于各层级公司对内部资源的边际效用大小。而在控制权完全由终极控股股东掌握的前提下，现金流权越低（两权分离度越高），终极控股股东越有动机盗取上市公司资源，从而也导致实践中掏空上市公司的行为往往是长期而且持续的。最终控制人对上市公司的盗取不是无限的，随着掏空上市公司行为的持续，底层上市公司的资源边际效用不断提高，终极控股股

东会随之减少对上市公司的掏空行为，甚至为了保护上市公司壳价值，会出现“反向支撑”上市公司的情况。

8.1.2　金字塔结构特征对公司价值、绩效有不同的影响

金字塔结构的不同特征，对上市公司价值及公司绩效的影响是不同的。具体而言，(1) 两权分离度对公司价值具有显著的负面效应，而且终极控制人倾向于将资源从拥有较少现金流权的底层公司转移到拥有更高现金流权的上一级公司。在我国金属类上市公司中两权分离度对公司价值的影响系数较小，主要基于我国金属行业的独特特点。(2) 现金流权对上市公司的利润总额会产生显著的正向影响，主要基于股权集中导致实际控制人与上市公司利益一致性的增强。对于我国金属类上市公司而言，股权集中度较之其他国家企业更高，从而现金流权对公司绩效的正向影响也更加明显。(3) 控制层级越多，公司价值越高。控制层级的增多意味着上市公司有更加强大的关联性业务支持，有利于发挥战略协同作用提升公司价值。(4) 公司价值与资产规模和股权制衡度负相关，与资产回报率正相关。公司绩效与行业平均资产收益率、主营业务增长率正相关，与资产负债率负相关，与年度控制变量关系不显著。

8.1.3　终极控制人性质影响金字塔机制的效应

我国上市公司中，国企背景的企业在数量比例上要远超西方国家，而且在实际运行中，国企所属上市公司也在内外监管、政策支持乃至行业地位等方面存在特殊性的一面。通过对终极控制人性质的分类研究，发现实际控制人性质的不同，对上市公司价值和绩效的影响也存在差异。具体而言：(1) 与实际控制人为各级国有资产监督管理委员会的样本相比较，自然人、国内企业法人及外资企业样本的两权分离度均值更高，且波动性更大。(2) 只有在实际控制人为自然人或者普通企业法人样本中，两权分离度才与公司价值呈现显著的负相关关系。导致这一情况出现的原因主要

在于国企尤其是央企面临着更加严格的内外监督，将推高央企集团掏空上市公司的潜在成本。同时国企存在的所有者缺位导致理性人假设的放松，弱化了其损害上市公司追求自利的行为动机。(3) 面临行业冲击时，央企所属上市公司存在绩效波动更加明显而剧烈的事实，这与央企集团的规范运作、更加真实的财务信息披露有关，也与央企集团更方便获得融资支持和政策支持，从而在经济复苏期绩效更加快速的恢复上涨有关。

8.1.4 外部制度、市场因素对金字塔控股结构有重要影响

金字塔控股结构的形成和出现本身就是实践发展的产物，外部制度、市场因素对金字塔结构的影响主要体现在以下两个方面。(1) 外部法律制度即证券市场的完备程度，将构成对终极控制人掏空或支持上市公司行为的外部成本，从而降低掏空上市公司行为发生的概率。而且外部法律制度和证券市场越发达，监督和制约越有效，终极控制人掏空上市公司的行为会越少。(2) 政策因素、市场完善程度对金字塔控股结构的形成具有直接的影响，我国上市公司目前控股结构的现状，并不仅仅是学术研究结论基础上终极控制人自主选择的结果，很大程度上受到行业政策、兼并重组等直接影响，是有外部制约性和偶然性特征的，一定程度上讲，目前对上市公司控股结构的形成是自主选择、政策选择和市场选择多方作用的共同结果。

8.2 基于研究结论的政策建议

8.2.1 加强对中小股东的权益保护

本书的实证结论验证了两权分离度确实会导致公司价值的损失，而其作用机理源自于实际控制人通过控制权，将上市公司权益转移到自身拥有更大现金流权的实体或个人手中，从而构成对中小股东的侵害。尤其在我国股权高度集中的格局下，中小股东对大股东的制衡作用会相对较弱，更

加需要制度、法律层面加以保护。

一是从证券立法方面加强对中小股东的权益保护。资本多数原则给大股东滥用表决权披上了合法的外衣，使大股东意志容易转化为公司意志。通过我国 A 股金属类上市公司看，大股东对上市公司拥有非常强的控制权，无论是理论模型还是实证结论，都表明终极控股股东很有可能通过金字塔控股结构，侵害中小股东权益进而盗取上市公司利益。因此，需要在法律上明确大股东侵害中小股东权益的相应条款内容，以规范上市公司大股东行为，对其行使表决权的法律后果和责任加以明确，增加终极控股股东掏空上市公司的行为成本，保护中小股东权益。

二是加强中小股东行使投票表决权的便利性。由于中小股东以散户为主，对于股东应有的投票权往往并不重视，如果在行权便利性上不提供良好的条件，中小股东的行权更加不能保障，从而进一步相对改变投票权在大股东和中小股东之间的比重，加剧投票权的集中。目前，计算机和网络技术等已日益发达，建议借助信息化等手段增强中小股东行使投票权的便利性。同时，建议适度延长公司信息披露和信息公告时间，将需要股东表决的重大事项提前较长期限告知股东，而且建议证券监管部门明确公告信息的内容和格式要求，提示广大中小股东及时行权，培养股东意识。

三是在中小股东权益受侵害时加强诉讼权利的保护。除了事前的法律约束外，在中小股东权益受到大股东侵占时，需要在事后加强诉讼保障。在个人合法权益受侵害并决定是否开展诉讼时，诉讼便利性、成本及风险因素往往会是中小股东考虑的重要问题，而时间成本、诉讼成本成为中小股东行使诉讼权利的重要约束因素。建议一方面在法律规定上要给予中小股东充分的法律支持，另一方面，针对中小股东侵权案件，在诉讼程序上适当降低门槛，尽量简化诉讼程序，并在胜诉收益方面提高比例，从导向上支持中小股东通过法律途径维护自身权益。

8.2.2　完善证券监管法律制度体系

相对完善的法律制度体系，可以对实际控制人侵害上市公司的行为作

出有力制约,但整体而言,我国证券法律、监管体系尚不完备,建议:

一是应加强信息披露制度。进一步完善甚至拓展信息披露的内容和范围,增强上市公司经营管理的公开性和透明性,强制要求上市公司主动接受市场监督。

二是应加强财务会计数据的审核。首先,相关部门应进一步完善相应的法律法规体系,明确财务会计的相应细则,制定统一标准,并针对实践中暴露的突出问题,及时修订相关法律堵住会计造假的潜在漏洞;其次,加大会计造假行为的处罚力度,尤其在公司上市、股权融资等重要环节,对于造假公司以及第三方会计师事务所加大惩处力度,提高违法成本,不但要进入民事诉讼程序,还需要追溯相关责任人的刑事责任,提高我国证券市场整体的透明度和公信力,给造假公司造成实实在在的压力和震慑,进一步发挥证券市场的融资功能。

三是应加强内控体系建设。首先,完善企业内部风险管理体系,及时弥补内部决策机制、财务管理制度的漏洞,提高内部管理的规范性;其次,加强企业内部会计控制的监督,完善内部审计机构和建立内部控制的自我评估系统,针对出现的新问题和新情况以及内部控制执行过程中出现的薄弱环节,对内部控制政策和程序及时修正与改进;最后,发挥企业内部监事会、董事会、股东大会以及职工代表大会、党委、纪委等不同部门的监督职能,多方面加强内部监管力度。

8.2.3 进一步推进市场化改革进程

一是加强国企尤其是央企的整体上市。近年来,国资委在力推央企整体上市,通过整体上市,央企经营运作将主动接受证券市场和社会公众的监督,增强其经营运作的公开透明度。而且通过股权多元化,以及法定公司治理机制的设立和信息披露等制度,形成对公司经营决策的有效监管,提高国企运作效能。

二是加强金属行业的市场化改革。提高民营企业在市场经营中的地位,在融资、项目审批等方面提供与国企同等的待遇,在扶植行业骨干企业、培养世界一流金属类公司中，适当考虑将部分符合条件的民营企业纳入其中。在关键行业、关键领域确保国企控股的条件下，鼓励民营经济广泛参与市场发展，整体上提高民营经济参与金属行业的比重。

三是加强经理人市场培育。对国企负责人的提拔和考核要侧重于公司经营绩效，鼓励其更加履职尽责地投入到公司经营发展，对因经营失误造成公司绩效不佳的国企负责人，要追求其领导责任，对长期经营不善的国企负责人，要敢于调整变更领导班子。要加强经理人市场的培育，逐步加大市场化任用国企经理人员的比重，提高专业化运作水平。

四是加强证券市场的市场化改革。建议政府整体控制股票市场的容量，严格股票退市制度，引导广大股民理性投资，遏制投机炒作行为。逐步发挥股票市场资金配置功能，鼓励上市公司加大股权多元化改革，进一步发挥投资机构的监督作用。另外，适当考虑加大对经理人的长期股权激励计划，尤其是在国企经理人薪酬激励方面，探索长效激励机制，解决国企存在的所有人缺位问题，进一步保护国企所属上市公司中小股东长期权益。

第 9 章　现实视角的延伸：我国上市公司所有权、控制权的分布

本章结合相关研究成果，以 2007～2011 年中国金属行业 118 家 A 股上市公司作为样本，对我国上市公司所有权和控制权的基本状况进行分析。与前文相一致，本章的上市公司所有权是指以现金流权为标准的终极控制人的所有权，是指终极控制人按其实际投入公司的资本占总资本的比例，由终极控制人的直接现金流权和追溯得到的间接现金流权共同构成。终极所有权和控制权的具体计算方法见本书第 4 章，具体数据见本书附录。

9.1　所有权的基本情况

9.1.1　终极所有权属性分布：中央国有企业主导、地方国有企业占优，非国有企业地位上升

(一) 一股独大：国有企业主导的基本格局未变

从企业性质角度来看，目前我国的上市公司仍以国有企业为主导、国有股份一股独大的格局尚未发生根本性变化。

刘芍佳等(2002)的研究发现，截至 2001 年，在 1 105 家样本中 84.1%(930 家)的上市公司的终极所有权由政府控制；其中，8.5%(94 家)为政府直接控制，75.6%(836 家)由国家通过金字塔型控股方式实施间接控制。法恩等(Fan et al., 2005)利用 1993～2001 年首次公开发行股票(IPO)的

812 家公司为样本进行的研究发现，样本中有 92%(750 家)被地方政府控制，仅有 8%(62 家)为私人控制。叶勇等(2005)对 2003 年沪深上市公司终极控股股东的追踪发现，72.06%的上市公司最终由政府控制。国泰安的数据(如表 9－1 所示)也表明，2003～2007 年我国上市公司终极控制人为国有的均值也占到了 60.45%。甄红线、史永东(2011)认为，西欧各国由政府最终控制的公司仅占 4.14%，其中奥地利最高占 15.73%，而中国的比重高达 59.73%。

表 9－1　2003～2007 年我国上市公司终极控制人性质

	国有(%)	非国有(%)	统计家数(家)
2003	68.06	31.94	1 218
2004	63.70	36.30	1 350
2005	57.67	42.33	1 030
2006	56.22	43.78	989
2007	56.60	43.40	1 394
均值	60.45	39.55	—

数据来源：国泰安 CSMAR 系列研究数据库，转引自李俊娜(2009)。

表 9－2　中国金属行业 A 股上市公司企业性质分布

	中央国企	地方国企	民营企业	总　数
样本数	19	44	55	118
比　例	16.10	37.29	46.61	100.00

根据表 9－2，本书所选的 2007～2011 年中国金属行业 A 股上市公司的 118 个样本之中，共有民营企业 55 家，占样本总数的 46.61%；中央直属国有企业和地方国有企业共计 63 家，合计占样本总数的 53.39%，即在中国金属行业中 A 股上市公司仍以各类国有性质的企业占多数。根据本书样本得到的数据，我国金属行业 A 股上市公司的国有股权比例虽然低于以上诸项研究，但可以看出在我国的上市公司中，国有企业“一股独大”的现象依然存在。而在“一股独大”的条件下，持股较少的股东更有意愿去选

择参与终极控制股东对其他中小股东和债权人的掠夺,即通过“隧道效益”掏空企业,而不是通过积极参与公司治理提高公司价值而获得收益。

(二) 地方国有企业数量占优

在计划经济向市场经济逐步转轨的改革过程中,我国中央政府与地方政府在权利配置上的分权特征日益明显。经过三十多年的权利下放,地方政府逐步获得了更多的经济管理自主权以及对所属上市公司的所有权和控制权(Weingast et al.,1999)。此外,在 GDP 导向的官员评价和晋升机制下,地方政府有内在动力通过其控制的上市公司从资本市场获得廉价资源来发展当地经济,上市公司的数量多寡也经常被看成地方政府的重要政绩(陈东华、章铁生和李翔,2008),而地方政府控制上市公司的动力和能力会在某种程度上反映在上市公司的所有权上。

根据表 9-2 的数据,在国有股权主导的基本格局下,2007～2011 年我国 118 家金属行业 A 股上市公司中地方国有企业的数量达到了 44 家,占样本总数的比例达 37.29%,是中央直属国有企业的 2.32 倍。也就是说,在暂不考虑中央直属国有企业规模、绩效等方面优势的情况下,地方国有上市公司在数量上占有决定性优势;与众多文献的研究结果类似,从现金流权的角度来看,在我国金属行业 A 股的国有上市公司中,地方政府拥有更大的所有权。

(三) 非国有(民营)企业的地位有所上升

刘芍佳等人(2002)的研究表明,截至 2001 年,在 1 105 家样本中,上市公司终极所有权仅有 15.9%(174 家)为非国有企业所控制;在叶勇等(2005)的研究中,政府作为终极控股股东的格局未变,约占 72.06%,但下降趋势明显,非政府控股的公司则存在明显的上升趋势。根据表 9-1 的国泰安研究数据,2003～2007 年我国上市公司非国有终极控制人的占比呈持续上升态势,由 31.94%上升到了 43.40%,平均达到了 39.55%。李伟、于洋(2012)的研究认为,中国上市公司终极所有人是政府的企业数量占比从 2004 年的 67.63%下降到了 2010 年的 48.16%。表 9-2 的数据显示,2007～2011 年我国 118 家金属行业 A 股上市公司中共有民营企业 55 家,占样本总数的 46.61%,远远超过了地方国有企业(44 家,37.29%)和中央直属国有企业(19 家,16.10%)分别单独统计时的水平,在三类的上市公司中数量最多。根据本书的数据并结合前人研究成果发现,从数量上来看,虽然当前我国上市公司终极所有权中的国有股权“一股独大”现象依然存在,但非国有企业(民企)的地位日益重要,存在显著的上升趋势。

9.1.2　以相对控股为主要方式的股权集中

1. 股权高度集中

贝希特(Becht, 1999)的研究发现,美国、英国、法国以及德国这四个国家上市公司前三大股东的持股比重分别为 20%、22%、33%和 42%。斯蒂恩·克莱森斯等(Stijn Claessens et al., 2000)对东亚九国的研究显示,终极控制现象在东亚普遍存在,终极所有权占所选东亚上市公司样本的比例仅为 15.7%,但其研究没有包括世界上最大的新兴市场和转轨经济体——中国。从国内研究来看,施东晖(2004)的统计表明,1992～2002 年中国上市公司第一大股东持股比重维持在 41%～45%之间;冯旭南、李心愉(2009)的研究得出结论,中国上市公司的终极控制人拥有的所有权平均为 33%。

表 9-3　中国金属行业 A 股上市公司终极所有权状况描述性统计　　单位：%

	均值 Mean	中位数 Median	方差 Std. Dev	最大值 Maximum	最小值 Minimum
总体样本	37.87	36.04	19.39	83.74	1.28
民营企业	31.37	29.91	17.26	76.61	1.28
地方国企	44.90	42.40	18.89	83.74	14.21
中央国企	40.37	39.89	21.04	81.33	9.25

如表 9-3 所示,2007～2011 年中国金属行业 A 股 118 家上市公司的终极所有权人平均持股比例为 37.87%,最大持股比例高达 83.76%。从所有权属性的角度进行分析,总体数量占优的地方国有企业终极所有者(地方政府)平均持股比例值最高为 44.90%,且多集中在平均值以上;民

营企业的终极所有权人平均持股比例最低为31.37%，远低于国有企业(央企和地方国企)和样本总体水平。地方国有企业终极所有权人的最大与最小持股比例分别为83.76%和14.21%，均为三类所有权属性企业中最大；民营企业终极所有权人的最大与最小持股比例则分别为76.61%和1.28%，均在三类所有权属性企业中最小；中央直属国有企业的终极所有权人平均持股比例、最大值、最小值均在三类企业中处于居中位置。

与以往的研究相对比，中国金属行业A股上市公司终极所有权人平均持股比例(37.87%)大于欧盟发达国家的水平，远远高于斯蒂恩·克莱森斯等(Stijn Claessens et al.，2000)的东亚经济体样本均值(15.9%)，略高于冯旭南等(2009)的研究样本。总之，2007～2011年中国金属行业A股118家上市公司的股权高度集中。

2. 集中型股权结构：相对控股为主

在通常情况下，根据所有权人的持股比例，现代公司所有权结构可以划分为分散持股(20%，也有研究以10%作为最低控制线)和集中持股两类，而集中持股又可分为相对控股(20%～50%)和绝对控股(50%以上)。当然，在现代公司所有权与经营权相分离的典型特征性，股权比例会随实际情况而变化；与绝大多数国家的情况相一致，终极控制人倾向于以较少的现金流量权获得较高的控制权(Khanna & Yishay，2007)，若外部股东非常分散，持有5%的股东也许就是企业的主要控制性股东。本书借鉴以往的多数文献研究，将所研究样本以20%作为分散性与集中型股权结构的划分标准，将50%作为相对控股与绝对控股的所有权结构划分标准。

表9-4　中国金属行业A股上市公司终极所有权分布

		(0,20)	(20,50)	(50,100)	总　数
总体样本	样本数(家)	25	63	30	118
	比例(%)	21.19	53.39	25.42	100.00
民营企业	样本数(家)	15	32	8	55
	比例(%)	27.27	58.18	14.55	100.00

续　表

		(0,20)	(20,50)	(50,100)	总　数
地方国企	样本数(家)	6	21	17	44
	比例(%)	13.64	47.73	38.64	100.00
中央国企	样本数(家)	4	10	5	19
	比例(%)	21.05	52.63	26.32	100.00

根据表9-4的统计结果，2007～2011年中国金属行业A股上市公司的终极所有权结构为集中型主导。从样本总体来看，在中国金属行业A股118家上市公司中，21.19%(25家)为终极所有人分散控股，78.81%的上市公司属于终极所有人集中型结构；其中，地方国有上市公司终极所有人的集中型所有权结构最典型，仅有13.64%(6家)的属于分散持股，即83.36%的地方国有上市公司为集中型所有权结构；民营企业的终极所有人持股相对分散，集中型所有权结构的民营企业数量最低，其占民营企业样本数的比重达到72.73%(40家)，略低于样本总体水平；中央直属国有上市公司也有78.95%(15家)的终极所有人持股比例超过了20%。此外，若以10%作为控制基准，终极所有人分散持股上市公司在我国几乎不存在，2007～2011年中国金属行业A股118家上市公司中仅有7家终极所有人持股比例低于10%这一标准。

进一步分析发现，中国金属行业A股上市公司的终极所有权人的集中型所有权结构以相对控股为主，而国有企业的绝对控股比重较高。根据表9-4，从样本总体来看，在118个金属行业A股上市公司样本中，有53.39%(63家)的企业终极所有人持股比例处于20%～50%之间，持股比例超过50%的占25.42%(30家)。从属性分类来看，在终极所有权人持股比例20%～50%的区间中，民营上市公司数量最多，占民营上市公司总数的58.18%(32家)；地方国有企业最低，也占到了地方国有企业总数的47.73%(21家)；处于这一区间的中央直属国有企业比重则处于二者之间。此外，终极所有权人的股份超过50%的上市公司中，地方国有企业最多(38.64%，17家)而民营企业最少(14.55%，8家)。根据以上数据分析可以看出,中国金属行业A股上市公司的终极所有权人以相对控股(20%～50%)为主,这与现有的诸多国内外研究结果相一致,如冯旭南、李心愉(2009)对1 427家上市公司的分析认为,我国绝大多数终极控制人对上市公司拥有的控制权介于20%～50%之间,共有886家,占样本总数的62.1%。此外,中国金属行业A股上市公司终极所有权人相对股权的股权比重排序由高到低分别为民营企业、中央直属国有企业和地方国有企业;在相对控股的总体格局下,国有上市公司终极所有人的绝对控股比重远远高于民营上市公司。

9.2 控制权的基本情况

如表9-5所示,2007～2011年中国金属行业A股118家上市公司终极所有人的终极控制权平均值为45.70%,中位数42.48%则表明多数上市公司终极所有人的终极控制权处在平均值以下。从不同的产权属性来看,不同所有制企业的终极控制权各异。甄红线、史永东(2008)对2006年底沪深两市1 336家上市公司的研究认为,国家作为终极所有者持有的投票权(终极控制权)水平(均值42.04%)远远高于境内自然人和外资企业且高于投票权的平均水平。我们的样本研究结果与此文献的结论略有差异。

表9-5 中国金属行业A股上市公司终极控制权描述性统计 单位:%

	均值 Mean	中位数 Median	方差 Std. Dev	最大值 Maximum	最小值 Minimum
样本总体	45.70	42.48	16.59	83.74	11.39
民营企业	42.10	38.85	16.31	81.50	11.39
地方国企	49.32	49.58	16.92	83.74	14.52
中央国企	47.72	45.80	15.22	81.33	24.00

地方国有上市公司终极所有人的终极控制权最高,平均为49.32%,高于总体样本的平均水平;其中位数则表明多数地方国有企业的控制权位

于平均水平之上；全部 44 家地方国有上市公司终极所有人终极控制权的最大值为 83.74%，与总体样本的最大值水平相一致。

中央直属上市公司所有人的终极控制权平均值(47.27%)大小居中，大于样本总体的平均水平；中位数则表明多数中央直属企业的终极控制权水平位于平均值以下，全部 19 家中央直属企业终极所有人的终极控制权最小值为 24.00%，为三类属性上市公司最大；方差较小则表明金属行业 A 股的中央政府直属上市公司终极所有人的终极控制权相对更为集中。

民营上市公司终极所有人的终极控制权水平最低，平均为 42.10%，低于样本总体水平，且中位数表明多数民营企业的终极控制权水平处于均值以下，全部 55 家民营上市公司终极所有人的终极控制权最小值为 11.39%，与样本总体的最小值一致。

本书通过对以上数据的分析发现，2003～2007 年在中国金属行业 A 股上市公司中，不同性质企业终极所有人的终极控制权存在差异。地方国有上市公司终极所有人的终极控制力度最大，民营上市公司的终极控制权最低，而中央直属上市公司的终极控制权则相对更为集中。

终极所有人以现金流权(股权或所有权份额)为基础实现了对中国金属行业 A 股上市公司的高度集中控制。如表 9-6 所示，2007～2011 年中国金属行业 A 股上市公司终极所有人的终极控制权集中在 20%～50%之间，处于这一区间的企业共有 66 家，占样本总数的 55.93%。此外，终极控制权大于 50%的企业有 46 家，占样本总数的 38.98%；终极所有人的终极控制权处于 20%以下仅有 6 家，只占样本总数的 5.08%。

表 9-6　中国金属行业 A 股上市公司的终极控制权分布

		(0,20]	(20,50]	(50,100]	总　数
总体样本	样本数(家)	6	66	46	118
	比例(%)	5.08	55.93	38.98	100.00
民营企业	样本数(家)	4	33	18	55
	比例(%)	7.27	60.00	32.73	100.00

续 表

		(0,20]	(20,50]	(50,100]	总 数
地方国企	样本数(家)	2	20	22	44
	比例(%)	4.55	45.45	50.00	100.00
中央国企	样本数(家)	0	13	6	19
	比例(%)	0.00	68.42	31.58	100.00

另外,不同所有制属性的上市公司,终极所有权人的终极控制权存在差异。根据表9-6,与样本总体状况相一致,中国金属行业A股的中央直属国有上市公司(68.42%,13家)和民营上市公司(60.00%,33家)终极所有人对企业的终极控制权主要位于20%~50%这一区间,且无一家央企的终极控制权低于20%。与以上两类企业不同,虽然与20%~50%这一区间的企业数量(45.45%,20家)差异不大,但是地方国有上市公司终极所有人的终极控制权更多(50%,22家)集中于50%以上这一区间,即在3种不同属性的上市公司中,地方国有企业终极所有人的终极控制力度最强。

9.3 所有权与控制权分离的情况

9.3.1 不同性质公司的两权分离状况

金字塔股权结构的典型特征是终极所有权与控制权相分离,即终极控制人倾向于以较少的现金流量权获得较高的控制权。与CDL(2000)和LLSV(2002)的结论相同,而与冯旭南、李心愉(2009)的结论相异,我们根据表9-7的数据发现,2007~2011年中国金属行业A股118家上市公司的终极所有权(现金流权)与控制权(投票权)不一致的企业占50.85%,即超过半数的样本企业(60家)存在终极所有权与控制权相分离的现象。然而,我们也发现,民营上市公司两权分离的现象更为普遍,占民营企业总数的61.82%，远高于样本总体水平。国有上市公司的两权分离现象相对较弱，仅占其总数的41.27%，低于样本总体水平。其中，中央直属国有上市公司的两权分离现象(42.11%)强于地方国有上市公司(38.64%)。

表9-7　中国金属行业A股上市公司终极所有权与控制权分离

	样本数	企业数	比例(%)
全部	118	60	50.85
国有上市公司	63	26	41.27
中央	19	8	42.11
地方	44	17	38.64
民营上市公司	55	34	61.82

中外众多学者对上市公司的两权分离度进行了研究。如表9-8，克莱森斯等(Claessens et al.，1999)的研究发现，东亚九个国家和地区上市公司的两权分离度平均达1.24(根据原始结论数据转换后得到)，其中印度尼西亚最高为1.46；路倩(2006)对2002年121个样本的研究发现，我国上市公司的两权分离度为1.61。高燕(2008)以2004～2006年沪深两市2 795家A股上市公司作为研究对象，发现以商值法计算的全部样本控制权与所有权分离度平均为4.55。其中，1 805家国有上市公司的两权分离度为4.35，而990家非国有上市公司的两权分离度为3.98。甄红线、史永东(2008)的研究得出结论，所选2006年样本上市公司的总体两权分离度(现金流权/控制权)为0.81(转换为控制权/现金流权则为1.23，根据原文数据计算，为对比分析方便，下文括号内为进行转换后数值，计算方法与此相同)；其中，国有背景上市公司的两权分离度为0.89(1.12)，自然人上市公司则为0.63(1.59)。冯旭南、李心愉(2009)以20%控制权为临界点剔除分散持股公司后，2007年我国1 427家上市公司(占上市公司总数的92.06%)以差值法(控制权－现金流权)计算的两权分离度为6%，以商值法(现金流权/控制权)计算的两权分离度为0.84(1.19)。李伟、于洋(2012)以"所有权/控制权"来测度两权分离程度发现，2010年我国沪深两市的1 884家上市公司的两权分离度分别为0.84(1.19)。其中，国有上市

公司的两权分离度最低为 0.89(1.12),而私营上市公司的两权分离度为 0.79(1.27)。也就是说,除高燕(2008)所得结论较高之外,以上多数研究认为我国上市公司的两权分离度在 1.10～1.65 之间。

表 9-8　东亚上市公司终极所有权与终极控制权分离度

国家或地区	两权分离度	国家或地区	两权分离度
中国香港	82.6% (1.21)	印度尼西亚	68.7% (1.46)
日　本	98.4% (1.02)	韩　国	83.3% (1.20)
马来西亚	78.5% (1.27)	菲律宾	81.9% (1.22)
新加坡	72.2% (1.39)	中国台湾	75.7% (1.32)
泰　国	92.0% (1.09)	中国大陆	62.1% (1.61)

数据来源：Claessens S., Djankov S., Fan J., & Lang L. (1999);由于其计算两权分离度=终极所有权/终极控制权×100%,与本书的计算方法相反,因而表内括号中数据为作者根据括号外原始数据计算得到。另外,中国数据来自路倩(2006)。根据本书计算方法,数值越大说明两权分离的程度越高。

根据本书表 9-9 的统计结果,2007～2011 年我国金属行业 A 股 118 家上市公司终极控制权与所有权(现金流权)的总体分离度为 1.52,即终极控制股东的 1 个单位的现金流权约能够控制 1.52 个单位的投票权,这与以上众多研究文献的结论大致一致。李俊娜(2009)以差值法进行的衡量发现, 2004～2006 年我国沪深两市的 1 373 家 A 股上市公司所有权与控制权的分离度平均为 5.38%,而我们的差值法计算的两权分离度为 7.83%,二者的差别不大。同样,不同性质企业的分离度存在差别,无论是商值、差值还是最大值,终极所有权与控制权分离程度由大到小进行排列的顺序为民营企业、中央直属国有企业(1.46)和地方国有企业(1.16),民营企业的两权分离度(1.82)要高于总体水平,而中央直属国有企业(1.46)和地方国有企业(1.16)的两权分离度则低于总体水平。

表 9－9　中国金属行业 A 股上市公司终极控制权与所有权分离度描述性统计

	均值 Mean	中位数 Median	方差 Std. Dev	最大值 Maximum	最小值 Minimum
总　体	1.52 (7.83)	1.01 (0.45)	1.12 (10.90)	8.90 (51.11)	1.00 (0.00)
民营企业	1.82 (10.72)	1.23 (6.29)	1.51 (12.95)	8.90 (51.11)	1.00 (0.00)
地方国企	1.16 (4.42)	1.00 (0.00)	0.29 (6.29)	2.01 (19.93)	1.00 (0.00)
中央国企	1.46 (7.35)	1.00 (0.00)	0.76 (10.34)	3.40 (31.40)	1.00 (0.00)

注：衡量控制权和现金流权的分离程度(concash)有两种方法：(1) 差法，即两权分离度＝控制权－现金流权。(2) 商法，即两权分离度＝控制权/现金流权。本表括号外为商法计算的终极控制权与所有权分离程度的相关数据，括号中则为差法计算的终极控制权与所有权分离程度的相关数据。

根据以上分析，目前我国金属行业 A 股超半数的上市公司存在终极控制权与所有权的分离现象。无论从存在两权分离现象的上市公司数量还是从两权分离程度来看，从高到低进行的排序均为民营企业、中央直属国有企业和地方国有企业，国有上市公司的两权偏离度要低于民营上市公司。民营企业作为终极所有者比国有企业更有可能因现金流权所支配的更大控制权而通过掏空行为转移资产来侵占和损害中小股东的利益，造成公司价值和绩效的下降。

9.3.2　不同性质企业的金字塔控制层级状况

根据表 9－10，我国金属行业 A 股 118 家上市公司中仅有 18 家的控制层级为 0，约有 84.75%(100 家)的上市公司存在金字塔股权结构，表明金字塔结构在我国金属行业上市公司具有相当的普遍性。

从控制层级分布来看，我国金属行业 A 股上市公司的金字塔股权结构的控制层级较短。施东晖(2004)对 2001 年沪市 660 家上市公司的分析表明，大部分公司采用 2 层控制塔结构，其比例为 64.1%；控制层级达 4 级及以上的公司仅占 10.6%(70 家)。冯旭南、李心愉(2009)也认为，我国上市公司的终极控制人也往往通过 2 层金字塔结构实施控制。与以上研究结果有异,根据表 9－10 数据,我国金属行业 A 股上市公司的金字塔股权结构的控制层级是 1 级的企业最多,为 45.76%(54 家),控制层级为 3 级及以上的企业仅占 9.32%(11 家),比施东晖(2004)的发现还低。其中,只有 4 家上市公司的控制层级超过 3 级,也就是说,我国金属行业 A 股上市公司的金字塔股权结构控制层级较短,以 1 级为主导。

表 9－10　中国金属行业 A 股上市公司金字塔结构控制层级

	金字塔结构的控制层级(chain)					样本数(比例%)
	0	1	2	≥3	最大层级	
总　　体	18 (15.25)	54 (45.76)	35 (29.66)	11 (9.32)	10	118 (100.00)
民营企业	9 (16.36)	26 (47.27)	14 (25.45)	6 (10.91)	6	55 (100.00)
地方国企	6 (13.64)	21 (47.73)	13 (29.55)	4 (9.09)	10	44 (100.00)
中央国企	3 (15.79)	7 (36.84)	8 (42.11)	1 (5.26)	3	19 (100.00)

从所有制属性进一步细分观察,控制层级为 1 级的民营企业与地方国有企业的比重大致相当,但地方国有企业(47.73%)略大于民营企业(47.27%)。另外,地方国有企业的最大控制层级为 10 级,而民营企业的最大控制层级则为 6 级,前者大于后者。然而,控制层级 3 级及以上的民营企业比重与数量(10.91%,6 家)均大于地方国有企业(9.09%,4 家),前者高于总体水平而后者略低于总体水平。此外,我们特别发现,我国金属行业 A 股上市公司中的中央直属国有企业的控制层级以 2 级为主,占 42.11%(8 家),略多于控制层级为 1 级的企业数量,而其最大控制层级为 3 级,有且只有 1 家。也就是说,与总体样本相一致,我国金属行业 A 股金字塔股权结构的地方国有上市公司与民营上市公司的控制层级以 1 级为主导且总体控制层级稍长,金字塔股权结构的中央直属国有企业的控制层级则以 2 级为主且控制层级最短。

第10章 政策视角的延伸：政策监管如何保护中小股东权益

在金字塔结构终极所有权与控制权分离的特征下，遵循“资本多数决”基本规则的上市公司大股东的掏空行为倾向与中小股东的投票冷漠（因表决权过低而导致的不作为）将会严重侵蚀公司价值和绩效。在两权分离和中小股东投票冷漠并存的条件下，为维护甚至增加自身私利，上市公司的终极控股股东利用“资本多数决”基本规则，通过资金占用、资产转移、非公允关联交易、不规范的股利分配等各种形式的掏空行为侵害中小股东利益成为一种可预见的“理性”选择。例如，有数据表明，1998～2006年我国平均约有48.23%的上市公司未对中小股东进行股利分配（据潘春丽2007年数据计算）。2002年证监会对1 175家上市公司的普查发现，半数以上存在大股东占款现象。而且，大股东的各种违规出现了“合谋化”、“迂回化”、“复合化”和“隐蔽化”的变化趋势。为避免这些不良影响，需要加大监管力度，保护中小股东权益，约束终极控制人的行为，防止实际控制人的侵害。

以法律、法规的形式对上市公司中小股东的权益进行保护和对实际控制人的行为进行约束是世界各国的通行做法。英美法系的判例法遵循全体同意规则、“资本多数决”规则及其例外、衡平规则等原则制定《公司法》、《示范公司法》、《证券交易法》等法律来保护中小股东的权益，德国的《股份法》与日本的《商法》、《证券交易法》在上市公司中发挥了巨大作用。目前，我国也从法律制度建设和执行两个层面对上市公司中小股东的权益进行保护和对实际控制人的行为进行约束。为约束和规范市场参与主体的行为，从证券市场建立开始，我国通过全国人大出台的法律、国务院制定的行政法规、证监会规章、证券交易所制定的相关规则等一系列的法律、法规、政策和制度为上市中小股东权益保护和大股东的行为约束作出了努力,并随着市场发展中出现的新问题进行不断修正和完善。

10.1 保护中小股东、限制实际控制人行为的法律法规

10.1.1 对中小股东权益保护的相关政策

目前,我国上市公司中小股东的权益保护法律主要通过业已经过多次修订的《公司法》(1992、1999、2004、2006)和《证券法》(1999、2006)来实施;其中,《公司法》对中小股东的保护主要立足于"权利角度",而《证券法》则是从中小股东的"交易角度"即"投资者的角度"进行保护。为配合新《公司法》和新《证券法》,刑法也作出了相应调整,《刑法修正案(六)》也将成为保护中小股东权益的有力武器。此外,为弥补《公司法》和《证券法》的原则性条文规定的不足,我国还出台了一系列其他的法规、规章规则对中小股东权益保护方面进一步补充,如《上市公司股东大会规范意见》(1992)、《上市公司章程指引》(2001)、《上市公司治理准则》(2002)、《关于加强社会公众股股东权益保护的若干规定》(2004,证监会)、《上市公司收购管理办法》(2006)等对《公司法》和《证券法》进行了更加具体的操作方面的规定,并对其尚未涉及的诸多事项进行补充或者尝试。我国对上市公司中小股东权益保护的法律制定正在逐步完善。根据王月萍(2011)的统计,1992～2009年底,我国先后出台和修订的有关上市公司中小股东权益保护的法律制度多达123项。

(一) 中小股东权益保护政策现状

以2006年新修订实施的《公司法》和《证券法》为主体,我国的现行法律法规对上市公司中小股东的权益保护政策主要由"事前保护"和"事后救济"两大部分组成。

1. 上市公司中小股东权益的事前保护

2006 年《公司法》对与中小股东有关的知情权(第 33 条、第 97 条、第 116 条、第 165 条)、质询权(第 97 条、第 150 条)、表决权(第 16 条、第 104 条、第 105 条、第 106 条、第 121 条)、提案权(第 102 条)、股东自行召集权(第 40 条、第 101 条)等对中小股东权益的事前保护进行了相应的制度设计。

一是知情权与质询权。

在现代社会，信息是一种重要的资源，是上市公司股东进行决策的基础。在终极所有权与控制权分离的金字塔股权结构中，相对中小股东，终极控股股东掌握有上市公司经营管理、投资等方面更为详尽的信息，而信息不对称强化了控股股东的“逆向选择”与“道德风险”动机，刺激了其通过“背信”与泛滥的“机会主义”行为来损害中小股东权益。作为一种重要的保护手段，以法律形式固定的上市公司中小股东的知情权可在一定程度上对终极控股股东的违法与违规行为起到制衡、约束和监督控股股东的作用。2006 年新修订的《公司法》第 33 条、第 97 条、第 116 条、第 165 条等诸多条款都对股东知情权进行了明确。例如，第 33 条规定“股东有权查阅、复制公司章程、股东大会会议记录、董事会会议决议、监事会会议决议和财务会计报告”；第 116 条则进一步规定“公司应当定期向股东披露董事、监事、高级管理人员从公司获得报酬的情况”。

作为公司的所有者，为了解公司决策与运营状况，中小股东对公司内部决议内容享有质询权。所谓质询权指上市公司股东为行使其股东权而请求董事会或监事会就会议议题和议案中的有关问题进行说明的权利。2006 年《公司法》确立了股东享有质询权，对尊重和维护中小股东的股东权利有积极作用，如第 97 条规定，“股东有权查阅公司章程、股东名册、公司债券存根、股东大会会议记录、董事会会议决议、监事会会议决议、财务会计报告，对公司的经营提出建议或者质询”。

二是表决权：累积投票制度。

根据上市公司“一股一票”的议事规则，终极控股股东很容易利用其股份优势“合法地”操纵公司决策。为克服和有效克制控股股东对董事和监事选举中的绝对优势，2006 年新《公司法》第 105 条规定，股份有限公司可通过公司章程或股东大会决议在董事、监事选举表决机制中引入了“累积投票制度”，即股东大会选举董事或者监事时，每一股份拥有与应选董事或者监事人数相同的表决权；表决权总数等于股东所持有的股份数与待选董事人数的乘积；投票时，股东可以将其表决权集中投给一个或几个董事候选人。《上市公司治理准则》第 31 条则强化了累积投票制度的效力，规定在董事选举过程中，应充分反映中小股东的意见。为避免大股东垄断全部董事的选任，与代理投票制度相结合，中小股东通过这种局部集中的投票方法，凝聚表决权，集合力量抵抗大股东的股权优势，使中小股东一定程度上摆脱控股股东的限制，选出代表中小股东利益的董事，以便在公司经济运营中表达自己的意见和诉求，更深入地参与公司的商业运行，从而切实维护中小股东的权益。

三是提案权与召集权。

股东大会是上市公司的最高权力机构，其决策直接关系到股东的权益归属与分配，能否在股东大会上提出自己的提案和在一定情况下自行召集股东会议，即提案权与股东会议召集权是中小股东维护自身权益的重要途径。

股东提案权是指股东可以向股东大会提出议题或议案的权利。2006 年《公司法》第 102 条对中小股东的“提案权”进行了规定，即“单独或者合计持有公司百分之三以上股份的股东，可以在股东大会召开十日前提出临时提案并书面提交董事会”，且“临时提案的内容应当属于股东大会职权范围，并有明确议题和具体决议事项”。赋予股东提案权，对于预防“资本多数决”原则的滥用即对中小股东利益保护的贡献很大。

股东大会是股东表达利益诉求和行使权力的最高决策机构，一般授权董事会召集，而董事会通常由控股股东所掌握，在“资本多数决”原则下，容易成为其侵害中小股东权益的工具。为提供平等权利以维护中小股东权益，各国相关法律开始在符合特定条件的情况下，赋予中小股东的股东(大)会召集请求权或召集权。我国 2006 年的《公司法》也对中小股东的股东会议“召集权”进行了界定，第 40 条和第 101 条规定，连续 90 日以上单独或者合计持有公司百分之十以上股份(表决权)的股东可以自行召集和主持股东大会。

2. 上市公司中小股东权益的事后救济

除诸多事前保护政策之外,针对权益侵害,2006 年《公司法》规定了决议撤销权(第 22 条)、异议回购请求权(第 74 条、第 142 条)、解散公司请求权(第 182 条)、直接诉讼权(第 22 条、第 74 条、第 151 条、第 152 条、《证券法》第 47 条)和股东派生诉讼制度(第 151 条)等中小股东合法权益的事后救济政策与途径。

一是决议撤销权。

当中小股东的权益受到侵害时,中小股东可利用“决议撤销权”来牵制决议可能导致的侵害后果,制衡终极控股股东肆意侵害公司利益情况的发生。根据 2006 年《公司法》第 22 条的规定,“股东会或者股东大会、董事会的会议召集程序、表决方式违反法律、行政法规或者公司章程,或者决议内容违反公司章程的,股东可以自决议作出之日起六十日内,请求人民法院撤销”。

二是股东退出机制：异议回购请求权和解散公司请求权。

确立了适宜的股东退出机制,当中小股东的权益受到践踏时,通过投反对票、异议回购请求权和解散公司请求权等“用脚投票”的方式,及时遏制控股股东利用自身优势地位进一步侵害中小股东权益的行为。根据 2006 年《公司法》第 74 条,由于不按照利润分配、合法合并、转让财产等行为导致中小股东的利益受到损失的,可以采取反对投票的方式予以对抗,“投反对票的股东”可行使异议回购请求权,“请求公司按照合理的价格收购其股权”;第 142 条也规定,“股东因对股东大会作出的公司合并、分立决议持异议”之时,也有权“要求公司收购其股份”。除异议回购请求权之外,股东还被赋予了“解散公司请求权”;2006 年《公司法》第 182 条指出,“公司经营管理发生严重困难,继续存续会使股东利益受到重大损失,通过其他途径不能解决的,持有公司全部股东表决权百分之十以上的股东,可以请求人民法院解散公司”。

三是诉讼权：直接诉讼权和股东派生诉讼制度。

当公司利益与股东的权益发生矛盾特别是控股股东及其控制下股东

(大)会、董事、监事和高级管理人员侵害中小股东的正当权益之时,中小股东可通过利用直接诉讼权(第 22 条、第 74 条、第 151 条、第 152 条、《证券法》第 47 条)或派生诉讼制度向法院提起诉讼。

直接诉讼权是维护中小股东权益的重要保证。2006 年《公司法》第 152 条规定,"董事、高级管理人员违反法律、行政法规或者公司章程的规定,损害股东利益的,股东可以向人民法院提起诉讼";2006 年《证券法》第 47 条指出,"股东有权为了公司的利益以自己的名义直接向人民法院提起诉讼"。

股东派生诉讼是指当公司的合法权益遭受侵害,特别是受到有控制权的股东、母公司、董事和管理人员等的侵害而公司怠于行使诉权时,符合法定要件的股东为公司的利益以自己的名义对侵害人提起诉讼,追究其法律责任的诉讼制度。根据 2006 年《公司法》第 151 条,因合法权益遭到侵犯或造成损失时,"有限责任公司的股东、股份有限公司连续一百八十日以上单独或者合计持有公司百分之一以上股份的股东"的书面诉讼请求被董事会(执行董事)、监事会(监事)拒绝后,"股东有权为了公司的利益以自己的名义直接向人民法院提起诉讼"。

3. 中小股东权益的执法保护

除法律制度与政策完善与否之外,对上市公司中小股东权益的有效保护还取决于执法效率。2005 年世界银行年度报告显示,投资者保护方面,在 155 个国家之中,中国位列第 100 位。我国对于中小股东权益保护的法律规定和政策措施在逐步完善,但是许多规定操作性差,难以执行;即便执行,也存在漠视中小股东损失和对大股东违规行为的处罚力度过轻问题,简单的通报批评或象征性经济处罚使得其违法成本过低,难以形成威慑。执行过程中的法律约束"软化"现象使得各项法律和政策规定如同虚设,直接导致了中小股东对权利行使的消极抵抗。

(二) 中小股东权益保护政策的不足

根据上文,以《公司法》和《证券法》的原则性条文为核心、各种操作性制度为补充,我国上市公司中小股东权益的保护法律、法规和政策在不断完善,但仍存在诸多不足之处。

1. 上市公司中小股东权益事前保护的缺陷

知情权与质询权方面。上市公司控股股东对中小股东知情权的侵犯现象依然严重。受现有信息披露制度的影响，上市公司的经营管理状况披露内容不真实、数据不可靠的现象仍然较为普遍；终极控股股东及其控制下的内部机构还常以涉密为由，拒绝中小股东行使这一权利。此外，当前法律对于中小股东质询权的规定也过于粗泛，质询权的行使范围、相关董事和监事的说明义务以及违反义务后的责任都没有明确的规定，现实操作性差。

表决权方面。虽然 2006 年《公司法》正式引进了“累积投票制度”，但此项制度为一项许可而非强制性制度，在实际操作过程中，此制度实施与否交由上市公司自主选择，控股股东会通过各种手段来阻碍这一制度的实施，而现有《公司法》中并没有给出此情形的具体保护措施，导致中小股东权益的意见得不到尊重；另外，目前此项制度只适用于选举公司董事和监事的情况，对于其他的事项并不适用。

提案权与召集权方面。股东提案权的行使须遵循一定的程序和条件限制，如第 102 条规定“单独或者合计持有公司百分之三以上股份的股东，可以在股东大会召开十日前提出临时提案并书面提交董事会”；而股东(大)会的自行召集权也规定有严格的召集与主持权顺序安排，只有在前置顺位不履行职责的情况下，中小股东才能获得召集权，从而容易导致中小股东在实际中无法召集的困局；此外，为防止个别股东滥用此项权利而规定的“单独或者合计持有公司百分之十以上”的股东股份限制也相对过高。

2. 上市公司中小股东权益事后救济的不足

决议撤销权方面。此项权利的目的在于推动中小股东主动参与上市公司经营管理以维护自身利益。中小股东从观察到控股股东侵害行为到提出行使决议撤销权，需要有足够的证据，但《公司法》第 22 条所规定的“自决议作出之日起六十日内”的行权限制对于投票冷漠的中小股东证据搜集来说显得过于仓促，很难真正起到保护中小股东权益的目的。

股东退出机制方面。“异议回购请求权” 规定的条件太过苛刻，在股东回购资格方面没有明确规定，存在控股股东为维护甚至增加自身利益而

“以合法形式掩盖非法目的”的可能性；若控股大股东想排挤中小股东使其退出，只需通过操纵股东(大)会和董事会不分配利润就可通过“形式上的异议”迫使中小股东退股；此外，“解散公司请求权”所需的“百分之十以上的表决权”对中小股东来说设置门槛过高。

诉讼权方面。直接诉讼权和股东派生诉讼制度为中小股东的权益保护提供了一条可行途径，但也存在前置程序不完备、诉讼费用担保制度缺失、诉讼对象范围的规定过于狭窄诸多缺陷，缺乏实际可操作性。例如，根据2006年《公司法》第151条、第152条等项规定，股东派生诉讼制度的客体范围仅限于董事、监事、高级管理人员以及侵权第三人即“他人”的责任，这个“他人”是否包含最有可能通过掏空行为损害中小股东权益的上市公司的大股东或控股股东，目前的《公司法》依然没有明确的规定或解释。中小股东的民事赔偿诉讼门槛过高，诉讼方式不合理，量刑轻、处罚少、索赔困难导致的巨大诉讼风险均使得中小股东在维权问题上望而却步。

10.1.2　防止实际控制人侵害的相关政策

在防止实际控制人对中小股东的权益侵害方面，《公司法》和《证券法》也在股东的禁止行为、表决权排除制度、赔偿责任制度等诸多方面有着明确规定。

(一) 股东禁止行为

控股股东的股权优势使其倾向于通过股东权利滥用、关联交易等掏空行为损害中小股东利益。《公司法》对实际控制人的诸多可能行为作出了禁止性规定。例如，第20条针对股东权利滥用，从行为禁止到责任承担作出了诸多细致规定；第21条则明确了公司的控股股东、实际控制人“不得利用其关联关系损害公司利益”；第147条规定“董事、监事、高级管理人员不得利用职权收受贿赂或者其他非法收入，不得侵占公司的财产”。

(二) 表决权排除制度

为避免大股东利用其股权优势通过各种掏空行为谋取私利，《公司法》(如第16条、第124条)包含了股东“表决权排除制度”(表决回避制度)，即当某一股东与股东大会讨论的决议事项有特别的利害关系时，该股东或其代理人均不得就其持有的股份行使表决。作为一项事前保护措施，“表决权排除制度”要求利益相关的大股东予以回避以便排除其对决议的影响力，《公司法》第 124 条指出：“上市公司董事与董事会会议决议事项所涉及的企业有关联关系的，不得对该项决议行使表决权，也不得代理其他董事行使表决权。”

（三）赔偿责任制度

明确赔偿责任，对控股股东的违规行为进行必要的惩罚。例如《公司法》第 149 条规定，“董事、监事、高级管理人员执行公司职务时违反法律、行政法规或者公司章程的规定，给公司造成损失的，应当承担赔偿责任”。《证券法》第 69、76、77、214 条等条款也对大股东造成公司利益受损的民事赔偿责任制度进行了界定和规范。

10.1.3　政策监管法律法规对实际控制人行为约束的基本政策

《公司法》、《证券法》等相关监管法律法规都规定有关于公司财务会计报告等信息公开制度，赋予公司对特定对象的强制性信息披露和审计义务，通过信息披露与审计对实际控制人的行为进行约束。

（一）信息披露制度

2006 年《公司法》第 116 条规定，“公司应当定期向股东披露董事、监事、高级管理人员从公司获得报酬的情况”；第 145 条规定，“上市公司必须依照法律、行政法规的规定，公开其财务状况、经营情况及重大诉讼，在每会计年度内半年公布一次财务会计报告”。《证券法》第 74 条和第 75 条进一步明确内幕信息知情人的范围，界定了内部信息；第 65 条和第 66、67 条则强化了上市公司的持续信息和重大事件披露。2007 年证监会发布的《上市公司信息披露管理办法》强化了上市公司的信息披露，使得信息披露制度更加全面更具操作性，对实际控制人的行为进行规范，如第 116 条规定，“在内幕信息依法披露前，任何知情人不得公开或者泄露该信息，不得利用该信息进行内幕交易”。

(二) 审计制度

《公司法》(第 62 条、第 164 条、第 169 条)还通过审计来对实际控制人的行为进行规范和监督,如第 164 条规定:"公司应当在每一会计年度终了时编制财务会计报告,并依法经会计师事务所审计。"

然而,对会计信息和账簿进行查阅需要很强的专业知识,一般股东并不具备;另外信息披露和信息查阅方面还设定了诸多限制条件和障碍,容易导致信息披露和审计对实际控制人约束力的降低。

10.2 对我国上市公司管理的政策建议

10.2.1 加强对中小股东的权益保护

进一步加强立法,完善事前保护制度和事后救济制度,加强执法力度,做到"有法可依",更要切实做到"有法必依、执法必严、违法必究"。

(一) 完善上市公司中小股东权益事前保护

1. 维护知情权,完善股东质询权

在完善信息披露制度、保证信息的真实性和可靠性的基础上,明确取得知情权的股份和时间限制(持股比例和持股时间),维护和扩大中小股东对企业信息的知情权。然而,也要防止中小股东滥用或恶意行使知情权的行为,对涉及商业秘密信息的知情权进行适当限制,但限制理由应告知股东。针对质询权需要进一步明确其行使范围,对相关的董事、监事的说明义务以及违反义务后的责任进行明确规定,出台质询权的细化和可操作性措施,免除中小股东正当行权时的法律追责、质询费用等方面的后顾之忧。

2. 改革中小股东的表决规则,扩大表决权范围

随着证券市场的规范化,美国对维护中小股东利益的"累积投票制度"的态度从强制主义转变为许可主义。然而,在我国证券市场尚不够规范的条件下,《公司法》所引入的许可主义方式容易导致其在实际自主

性的选择操作中成为摆设。因而与美国的做法相反，现阶段我国宜将目前许可主义转向强制主义，即明确成为《公司法》的强制性规定。此外，还应在借鉴国外成熟运用经验的基础上精心进行制度设计，扩大“累积投票制度”的适用范围，从单纯的董事和监事选举扩展到公司的日常经营管理的各个方面。

3. 规范提案权，调整股东(大)会自行召集权

量化和细化提案权和召集权的规定，研究适当降低提案和召集股东(大)会所需最低股权比例及其实施方式。完善提案权的持股要件，明确规定股东获得提案权的基本资格——最低持股比例或数量和持股期限，防止中小股东提案权的滥用；区别对待有限责任公司与股份有限公司，可保持有限责任公司十分之一的股权限制，但股份有限公司的持股比例需适当调低。

(二) 强化上市公司中小股东权益事后救济制度

1. 明确告知义务，延长和规范决议撤销权的行权时间限制

明确公司的决议告知义务，规定公司不告知将承担的法律责任，降低控股股东为私利而故意不告知和隐瞒决议的情况；为便于中小股东行权时搜集证据，具体行权时限可在调查研究的基础上进行精心设计，可考虑将“自决议之日起 60 日内”的行权时间规范为“自知道或应当撤销之日起 60 日内”或延长为从决议之日起不超过一年。另外，明确股东行使撤销权后对相关善意第三人进行保护的法律规定。

2. 健全股东退出机制，防止退出权利滥用

从公司设立到公司的变更、管理和运营的每个环节，全面肯定“异议回购请求权”，明确和严格股东回购资格，对其是否适用于有限责任公司之外的上市与非上市股份有限公司进行明确规定。扩大提起司法解散事由的范围，如将股东故意排挤打压其他股东的情形包含在内；研究并适当降低“解散公司请求权”的“10%以上的表决权”门槛限制；进一步明确前置程序，对前置的其他途径的类型、证明方式和使用范围作出明确规定。同时，为防止因私利滥用股东退出权利而影响公司正常经营，应在《公司法》中对股东不得提出“异议回购请求权”和“解散公司请求权”的情形予以明确

规定。

3. 完善股东诉讼制度,强化中小股东的维权意识

完善股东诉讼制度,明确规定公司及其他股东的诉讼地位,简化诉讼程序,完善现行股东直接诉讼的相关规定以及派生诉讼的实质性和程序性要件,适当降低诉讼门槛,扩大诉讼对象范围;实施"举证责任倒置"制度,将风险转移给居于强势的大股东。强化中小股东的维权意识,引入股东维权激励机制,建立诉讼费用担保制度,明确规定诉讼费用承担责任,提高胜诉收益,打通诉讼索赔通道,从导向上支持中小股东通过法律途径维护自身合法权益。同时,要严格诉讼股东资格,有效防止股东为诉讼而恶意购买股份等不良行为。

10.2.2 规范实际控制人的行为

(一) 严格禁止性规定和违规惩罚的执行力度

为防止损害公司或其他股东的利益,改变禁止性规定流于形式的情形,进一步强化控股股东、董事、经理的诚信义务,严格禁止性规定的执行;规范市场经营与交易诚信,营造证券市场诚信的文化氛围。同时,通过立法和司法解释细化证券违法行为的民事责任,改变目前惩罚力度小、执行难的困境,加大控股股东的违规成本,加大惩处力度;重点增加法律条文的可操作性,保证违规惩罚的严格执行,改变法律约束"软化"的不良局面,切实发挥违规惩罚的震慑作用。

(二) 完善表决权排除制度

借鉴欧美等发达国家的经验,弥补"表决权排除制度"(表决权回避制度)的缺陷。适当扩大"表决权排除制度"的适用范围,超越目前"担保事项"的单一限制,明确"与股东之间有着特殊利害关系的议决事项"的范围;明确界定和扩大适用的主体,除"关联股东或受实际控制人支配的股东"外,对其能否适用于其代理人进行明确规定;完善股东表决权排除的救济措施,即对本该排除其表决权而实际未被排除的行为,可通过立法明确赋予相关股东有通过诉讼等方式撤销该决议的权利。

10.2.3　加强对实际控制人的约束

（一）规范信息披露制度

建立有效和规范化的信息披露制度，引导和规定自愿性的信息披露，均衡强制性和自愿性信息披露的共同发展，提升信息披露质量；完善信息披露事务管理制度，明确管理部门级负责人的信息披露责任；拓展信息披露的内容、范围和信息公告时间，增强上市公司经营管理的公开性和透明性，保证披露信息的完整性和及时性；充分利用现代技术，通过各种专门网络系统和自媒体式大众交流平台，方便中小股东的信息交流和监管机构对大股东违规行为的监控；加大监管机构对虚假信息的查处和打击力度。同时，对于不宜公开的机密信息，应当明确界定内部信息及知情人的范围。

（二）完善审计制度

声誉良好的审计有助于利用审计人员的专业优势及时发现并披露造假信息，有助于监督和制约大股东的机会主义行为。因此，为提升上市公司信息披露质量，约束和限制大股东的各种掏空动机和行为，应研究进一步完善审计制度，加强对注册会计师等审计人员的管理，严格和明确审计人员的责任，提高外部审计人员的独立性，增强市场监管的公正性和威慑力。

10.2.4　完善上市公司内外部治理制度

“资本多数决”规则容易导致股东大会、董事会、监事会被控股股东操纵，内部治理难以对实际控制人的侵害行为进行有效约束，对中小股东的权益保护措施也没有发挥其应有的作用。加强对中小股东的权益保护，摆脱实际控制人的侵害和约束实际控制人的行为，需要合理的制度设计做保障，在积极完善上市公司内部治理制度的同时，必须辅之以有效的外部治理机制。

（一）健全上市公司内部治理制度

健全股东大会制度，加强对大股东的行为约束，借助计算机和网络技术等信息化手段增强中小股东行使投票权的便利性，激发中小股东参与管理的积极性，改变其表决权不足下的“理性选择”带来的投票冷漠现象；加强董事会的独立性，改变由控股股东提名的独立董事选择办法，尝试建立市场化的独立董事选聘机制、合理的独立董事薪酬机制和业绩评价机制，增加独立董事人数，设立专门的委员会，保证其行使职权的行为不受实际控制人操控；保证监事会的经济独立，改变由控股股东委派的监事产生办法，充分发挥监事会的作用，明确和扩大监事会职权，提高监事会成员的素质，增强监事会的权威性。

（二）建立有效的外部治理机制

首先，完善和健全证券监管机制，充分发挥证监会的作用，加强对监管主体的约束，从监管理念、监管模式和监管方法等方面积极推进证券监管转型和职能转变。其次，严格中介机构责任，加强注册会计师等关联中介机构对上市公司的监督。再次，发挥各类媒体的舆论监督作用。从美国等发达国家的经验来看，财经新闻媒体始终作为一方独立的力量对证券市场起到无可替代的作用，我们也可借鉴国际经验，在充分发挥广播、电视、报纸传统媒体作用的同时，加强和创新运用网络与各类自媒体对上市公司的外部舆论监督作用。

附　　录

附录1　2011年中国A股金属类上市公司基本信息概览

证券代码	简　称	总资产（万元）	资产负债率%	主营收入增长率%	投资回报率%	总资产收益率%
000060.SZ	中金岭南	1 404 240.023	52.558 5	93.687 1	6.234 3	9.489 6
000426.SZ	兴业矿业	314 084.417 4	48.680 9	−3.983 8	4.408 9	7.950 5
000603.SZ	盛达矿业	105 075.940 7	33.748 8	14.526 2	9.714 3	13.593 1
000612.SZ	焦作万方	492 208.717 2	50.209 2	6.713 4	7.803 1	8.665 2
000629.SZ	攀钢钒钛	3 133 262.907	52.574 4	16.582 5	12.527	16.264 9
000630.SZ	铜陵有色	3 226 663.605	64.542 6	34.872 3	10.259 1	10.430 2
000655.SZ	金岭矿业	293 362.423 8	11.365	15.814 8	5.744 4	6.694 7
000697.SZ	炼石有色	61 810.895 8	55.491 5	−4.668 7	7.986 8	15.721 4
000708.SZ	大冶特钢	470 139.130 3	38.333	17.342	8.560 4	7.847 5
000709.SZ	河北钢铁	14 104 069.18	68.252 3	6.842 9	4.146 1	4.014 6
000717.SZ	韶钢松山	2 436 119.807	80.793 7	21.439 7	7.265 1	11.791 4
000751.SZ	*ST锌业	735 675.907 2	97.959	−11.866 5	3.622 3	2.916 5
000758.SZ	中色股份	1 254 867.796	64.913 4	68.226 4	8.069 1	9.938 4
000761.SZ	本钢板材	4 105 939.127	62.105 1	10.383 7	7.522 1	6.591 5
000762.SZ	西藏矿业	264 097.942 1	13.465 6	18.727 6	3.436 1	4.339 1
000778.SZ	新兴铸管	3 271 657.883	58.963 6	39.624 2	7.384 4	5.858 3
000807.SZ	云铝股份	1 487 659.442	66.536	9.286 9	4.380 6	1.271 1

续 表

证券代码	简 称	总资产（万元）	资产负债率%	主营收入增长率%	投资回报率%	总资产收益率%
000825.SZ	太钢不锈	6 581 241.658	61.924 7	10.347 1	13.660 5	21.352 7
000878.SZ	云南铜业	3 056 194.14	73.356 1	9.666	0.413 8	0.810 7
000890.SZ	法尔胜	330 074.720 2	64.315 6	7.560 4	5.601 2	5.981 3
000898.SZ	鞍钢股份	10 298 800	49.212 5	−2.172 4	3.290 8	2.491
000932.SZ	华菱钢铁	8 596 915.702	82.336 8	21.837	4.700 1	4.584 4
000959.SZ	首钢股份	1 649 150.735	51.950 2	−55.147 7	4.301	4.726 2
000960.SZ	锡业股份	1 654 526.701	68.215 4	38.574 2	7.035	7.162 2
000962.SZ	东方钽业	456 853.000 6	47.982 3	41.926	7.373 2	7.207
000969.SZ	安泰科技	692 225.308 8	43.904	28.542 4	5.756 6	6.795 7
002075.SZ	沙钢股份	1 014 409.907	58.434 1	19.646 3	1.567 9	0.966 4
002082.SZ	栋梁新材	144 629.135 2	27.119 2	35.016 9	4.193 6	13.497 6
002110.SZ	三钢闽光	902 148.111 7	67.204 6	20.662 5	16.868 2	24.426 1
002132.SZ	恒星科技	311 697.314 6	61.856 7	4.867 3	5.467 8	5.549 6
002144.SZ	宏达高科	145 787.471 9	24.396 6	43.548	4.913 5	10.227 4
002149.SZ	西部材料	267 335.452 6	62.737 8	19.215 3	0.187	−1.420 9
002155.SZ	辰州矿业	367 385.312 2	31.884 6	41.740 7	2.427 7	0.500 3
002160.SZ	常铝股份	176 752.589	62.769	5.346 8	5.835 4	8.334 2
002167.SZ	东方锆业	222 883.398 7	31.346 9	48.351 3	0.388 6	0.047 8
002171.SZ	精诚铜业	123 251.913 9	43.799 1	9.705 3	21.028 5	25.397 3
002182.SZ	云海金属	236 736.260 5	53.914 9	24.392	−1.28	−3.699 9
002203.SZ	海亮股份	693 813.903 4	63.453	31.209 7	5.802	5.908 2
002237.SZ	恒邦股份	783 503.833 6	63.128 8	86.844 9	4.135 7	5.852 4
002295.SZ	精艺股份	152 063.851 8	45.270 1	−1.313 2	0.198 7	−0.636 8
002318.SZ	久立特材	252 044.837 6	39.084 5	21.144 2	2.760 2	3.449 2
002333.SZ	罗普斯金	139 863.414 8	10.045 8	14.649 5	−9.208 6	−31.012
002340.SZ	格林美	392 824.709 8	44.063	61.159 3	2.302 8	6.652 7
002352.SZ	鼎泰新材	103 379.772 4	30.493 2	46.137 1	4.054	9.270 7
002359.SZ	齐星铁塔	102 639.766 5	36.246 3	0.771 9	12.879 4	15.805 8

续　表

证券代码	简　称	总资产（万元）	资产负债率%	主营收入增长率%	投资回报率%	总资产收益率%
002378.SZ	章源钨业	244 768.213 4	41.641 4	40.425 2	4.277 6	11.570 3
002379.SZ	鲁丰股份	366 218.213 9	75.882 5	75.300 7	−9.793 7	−36.377 8
002423.SZ	中原特钢	272 612.451 2	32.773 3	23.431 9	0.248 6	0.721
002428.SZ	云南锗业	138 456.584 1	2.239 3	54.400 2	2.082 5	2.736 8
002443.SZ	金洲管道	206 599.315 7	38.689	23.748	3.677 7	8.118
002460.SZ	赣锋锂业	82 994.483 9	10.877 5	32.040 3	2.563 2	5.834 7
002478.SZ	常宝股份	300 304.828 1	13.886	29.198 4	12.332 4	19.380 1
002487.SZ	大金重工	152 264.315 6	3.954 6	−29.511 8	0.308 9	0.570 3
002501.SZ	利源铝业	223 091.853 8	43.841 5	20.409 5	22.954 7	40.225
002524.SZ	光正钢构	73 726.537	33.617 9	11.707 5	16.412 7	24.084 9
002540.SZ	亚太科技	232 523.651 1	6.599 2	14.341	2.631 1	3.778 3
002541.SZ	鸿路钢构	417 811.546 8	52.665 3	34.504	19.657 1	34.137 4
002545.SZ	东方铁塔	324 432.563 8	20.946 6	10.016	5.091	13.658 4
002578.SZ	闽发铝业	103 530.491 4	12.169 5	19.482 1	1.711 1	3.536 3
002617.SZ	露笑科技	157 720.775 7	44.266 2	6.476 5	1.354 8	1.140 2
300034.SZ	钢研高纳	96 086.632 8	6.252 4	14.761 9	9.811 9	15.206 8
300057.SZ	万顺股份	160 742.925	16.281 7	0.415 4	1.220 2	1.633 9
600005.SH	武钢股份	9 610 067.326	61.300 8	16.302 5	12.466 2	17.588 8
600010.SH	包钢股份	4 973 308.275	73.817 8	6.796 1	0.637 5	−48.570 7
600019.SH	宝钢股份	23 109 974.58	50.9	10.069 6	0.142 3	−0.066
600022.SH	山东钢铁	3 005 091.325	75.854 8	4.699	1.898 8	1.920 7
600111.SH	包钢稀土	1 472 663.289	38.358 5	119.254 5	1.624 3	3.654 4
600117.SH	西宁特钢	1 341 040.092	73.284	16.393 5	2.785 5	3.863 3
600126.SH	杭钢股份	905 199.246 4	55.751 8	15.023 1	−7.453 4	−16.095 3
600139.SH	西部资源	189 713.751 3	16.707 4	47.452 3	0.419 5	1.513 3
600165.SH	新日恒力	199 785.877 1	47.659 9	3.638 6	−21.251 2	
600219.SH	南山铝业	2 090 381.441	19.380 3	45.278 8	5.186 3	13.210 1
600231.SH	凌钢股份	1 122 450.474	65.747 8	11.279 8	4.083 6	6.636

续 表

证券代码	简 称	总资产（万元）	资产负债率%	主营收入增长率%	投资回报率%	总资产收益率%
600255.SH	鑫科材料	249 295.432 7	49.958 2	36.672 2	1.630 8	1.583 1
600259.SH	广晟有色	230 090.175 2	72.295 7	98.460 3	1.209 2	2.939 2
600282.SH	南钢股份	3 434 085.388	71.759 6	28.315 3	7.273 3	9.271
600307.SH	酒钢宏兴	4 470 496.199	71.705 1	39.542 4	17.216 7	41.342 8
600311.SH	荣华实业	102 140.075 4	12.180 5	−6.996	1.993 4	4.343 2
600331.SH	宏达股份	929 232.821	78.638 1	5.944 8	5.304 5	14.718 9
600338.SH	*ST 珠峰	47 681.609 6	109.953 1	−34.444 5	7.195 6	7.151 5
600362.SH	江西铜业	6 814 962.867	41.590 3	53.898	6.054 1	6.885 3
600390.SH	金瑞科技	136 382.887 8	58.610 7	−2.872 9	0.092	−0.957 4
600399.SH	抚顺特钢	784 600.523 3	78.471 7	2.574	0.107 6	−9.589 9
600432.SH	吉恩镍业	1 333 089.028	73.150 1	24.141 8	1.631 4	3.302 3
600456.SH	宝钛股份	595 119.867 3	35.376 4	13.916 4	0.484 5	−3.816 4
600459.SH	贵研铂业	189 870.927 9	49.944 5	58.441	3.306 3	7.820 8
600477.SH	杭萧钢构	550 369.977	76.943 3	3.378 8	2.394 2	8.636 9
600489.SH	中金黄金	1 893 039.106	46.662 3	51.455 4	0.139	−1.848
600496.SH	精工钢构	553 326.736 3	65.008 1	7.401 1	0.897 2	1.609 5
600497.SH	驰宏锌锗	1 529 542.721	73.412 3	10.300 2	4.799 6	7.758 1
600507.SH	方大特钢	989 544.358 1	66.284 4	9.652 2	25.393 1	11.948 4
600531.SH	豫光金铅	685 921.832 8	72.801	40.637 7	2.996 2	4.184 6
600547.SH	山东黄金	1 266 058.93	49.471 8	25.068	−2.486 5	−4.331 3
600549.SH	厦门钨业	1 265 579.629	60.079 2	115.054 6	3.260 3	10.800 9
600558.SH	大西洋	186 691.901	38.504 2	10.216 7	50.845 7	86.593 7
600569.SH	安阳钢铁	3 295 014.662	67.288 9	5.199 9	2.459 8	2.166 9
600581.SH	八一钢铁	1 301 653.92	71.821 3	18.107	−16.938 5	−158.41
600595.SH	中孚实业	2 287 438.65	70.069 9	14.194 4	6.831 6	11.707 2
600673.SH	东阳光铝	700 339.199 5	53.317 8	26.584 3	−5.677 6	−21.099 6
600711.SH	盛屯矿业	185 929.223 9	44.573 4	46.375 9	1.471 8	3.009 3
600768.SH	宁波富邦	68 919.987 1	80.017 4	25.354 6	7.330 8	6.643 9

续　表

证券代码	简　称	总资产（万元）	资产负债率%	主营收入增长率%	投资回报率%	总资产收益率%
600782.SH	新钢股份	2 930 298.613	69.906 6	14.243 4	17.452 4	17.862 2
600784.SH	鲁银投资	345 764.473 7	73.036 9	32.539 7	−8.916 8	−14.190 2
600808.SH	马钢股份	8 111 302.892	64.330 3	33.642 2	10.174 2	23.52
600882.SH	华联矿业	133 421.889 9	101.809 4	−12.072 5	0.832 2	1.628 8
600888.SH	新疆众和	703 048.359 4	49.411 5	24.704 5	15.544 7	23.659 5
600961.SH	株冶集团	647 454.254 6	77.925 1	−7.095	20.713 8	20.917 8
600992.SH	贵绳股份	141 307.968 8	39.086 4	10.952 6	5.556 2	14.683 4
601003.SH	柳钢股份	1 916 498.503	72.508 4	14.215 2	0.004 7	−9.255 8
601005.SH	重庆钢铁	2 705 044.1	84.321 5	41.119 6	−0.833 3	−7.845 6
601028.SH	玉龙股份	291 417.228 1	34.713 5	20.409	9.891 1	16.787 8
601137.SH	博威合金	211 988.244 9	12.795 2	18.054 3	9.970 3	−4.716 7
601168.SH	西部矿业	2 651 359.968	53.353 8	14.918 9	102.627 7	105.004
601600.SH	中国铝业	15 713 415.7	62.990 4	20.562 5	2.757 4	2.948 2
601677.SH	明泰铝业	346 544.462 2	25.502 2	31.742 1	6.193 6	9.002 8
601700.SH	风范股份	270 063.904 7	8.379 4	−0.785 7	−35.678 2	−127.90
601899.SH	紫金矿业	5 232 019.933	42.407 2	39.329	0.117 8	−0.114 2
601958.SH	金钼股份	1 485 984.112	7.817 2	3.828 9	5.551 1	11.273 4

附录 2　2011 年中国 A 股金属类上市公司金字塔结构特征

证券代码	简　称	所有权%	控制权%	分离度差比%	分离度商比	是否央企	是否地方国企	链条长度
000060.SZ	中金岭南	39.23	39.23	0	1.00	0	1	0
000426.SZ	兴业矿业	23.77	33.02	9.25	1.39	0	0	1
000603.SZ	盛达矿业	32.31	77.12	44.81	2.39	0	0	0

续 表

证券代码	简 称	所有权%	控制权%	分离度差比%	分离度商比	是否央企	是否地方国企	链条长度
000612. SZ	焦作万方	9.25	24	14.75	2.59	1	0	0
000629. SZ	攀钢钒钛	35.49	35.49	0	1.00	0	0	0
000630. SZ	铜陵有色	42.34	51.83	9.49	1.22	0	1	1
000655. SZ	金岭矿业	58.41	58.41	0	1.00	0	1	0
000697. SZ	炼石有色	31.39	31.68	0.29	1.01	0	1	0
000708. SZ	大冶特钢	14.506	37.126	22.62	2.56	0	0	1
000709. SZ	河北钢铁	63.74	64.34	0.6	1.01	0	1	1
000717. SZ	韶钢松山	18.5	36.27	17.77	1.96	1	0	0
000751. SZ	*ST 锌业	11.07	33.77	22.7	3.05	1	0	1
000758. SZ	中色股份	33.34	33.34	0	1.00	1	0	1
000761. SZ	本钢板材	82.07	82.07	0	1.00	0	1	0
000762. SZ	西藏矿业	17.69	17.69	0	1.00	0	1	2
000778. SZ	新兴铸管	50.01	50.01	0	1.00	1	0	2
000807. SZ	云铝股份	34.39	49.13	14.74	1.43	0	1	2
000825. SZ	太钢不锈	64.24	64.24	0	1.00	0	1	1
000878. SZ	云南铜业	27.94	48.17	20.23	1.72	1	0	0
000890. SZ	法尔胜	13.19	21.07	7.88	1.60	0	0	0
000898. SZ	鞍钢股份	67.29	67.29	0	1.00	1	0	1
000932. SZ	华菱钢铁	37.84	40.01	2.17	1.06	0	1	0
000959. SZ	首钢股份	63.24	63.24	0	1.00	0	1	1
000960. SZ	锡业股份	30.58	50.51	19.93	1.65	0	1	2
000962. SZ	东方钽业	27.48	45.8	18.32	1.67	1	0	1
000969. SZ	安泰科技	40.97	40.97	0	1.00	1	0	1
002075. SZ	沙钢股份	28.51	46.69	18.18	1.64	0	0	0
002082. SZ	栋梁新材	18.88	18.88	0	1.00	0	0	1
002110. SZ	三钢闽光	69.73	73.8	4.07	1.06	0	1	1
002132. SZ	恒星科技	34.66	34.66	0	1.00	0	0	2
002144. SZ	宏达高科	24.95	24.95	0	1.00	0	0	1

续 表

证券代码	简 称	所有权 %	控制权 %	分离度差比%	分离度商比	是否央企	是否地方国企	链条长度
002149.SZ	西部材料	36.47	36.47	0	1.00	0	1	0
002155.SZ	辰州矿业	26.51	34.54	8.03	1.30	0	1	1
002160.SZ	常铝股份	17.82	36.32	18.5	2.04	0	0	0
002167.SZ	东方锆业	23.99	23.99	0	1.00	0	0	1
002171.SZ	精诚铜业	47.16	51.98	4.82	1.10	0	0	1
002182.SZ	云海金属	30.02	30.02	0	1.00	0	0	1
002203.SZ	海亮股份	26.2	42.2	16	1.61	0	0	0
002237.SZ	恒邦股份	20.29	38.45	18.16	1.90	0	0	1
002295.SZ	精艺股份	35.93	35.93	0	1.00	0	0	1
002318.SZ	久立特材	24.8	45.36	20.56	1.83	0	0	0
002333.SZ	罗普斯金	36.37	52	15.63	1.43	0	0	1
002340.SZ	格林美	19.12	21.41	2.29	1.12	0	0	1
002352.SZ	鼎泰新材	46.14	46.14	0	1.00	0	0	2
002359.SZ	齐星铁塔	20.53	32.5	11.97	1.58	0	0	0
002378.SZ	章源钨业	76.61	81.5	4.89	1.06	0	0	2
002379.SZ	鲁丰股份	50.52	50.52	0	1.00	0	0	6
002423.SZ	中原特钢	81.33	81.33	0	1.00	1	0	2
002428.SZ	云南锗业	21.34	34.17	12.83	1.60	0	0	1
002443.SZ	金洲管道	27.42	78.53	51.11	2.86	0	0	1
002460.SZ	赣锋锂业	33.71	33.71	0	1.00	0	0	0
002478.SZ	常宝股份	34.63	40.46	5.83	1.17	0	0	4
002487.SZ	大金重工	49.85	51.16	1.31	1.03	0	0	1
002501.SZ	利源铝业	38.06	38.06	0	1.00	0	0	1
002524.SZ	光正钢构	18.5	38.85	20.35	2.10	0	0	1
002540.SZ	亚太科技	64.88	64.88	0	1.00	0	0	1
002541.SZ	鸿路钢构	67.84	67.84	0	1.00	0	0	2
002545.SZ	东方铁塔	52.45	52.45	0	1.00	0	0	2
002578.SZ	闽发铝业	42.73	42.73	0	1.00	0	0	1

续 表

证券代码	简 称	所有权%	控制权%	分离度差比%	分离度商比	是否央企	是否地方国企	链条长度
002617.SZ	露笑科技	60.56	60.56	0	1.00	0	0	5
300034.SZ	钢研高纳	48.02	48.02	0	1.00	1	0	2
300057.SZ	万顺股份	51.18	51.18	0	1.00	0	0	2
600005.SH	武钢股份	65.32	65.32	0	1.00	1	0	1
600010.SH	包钢股份	44.8	61.2	16.4	1.37	0	1	2
600019.SH	宝钢股份	74.87	74.87	0	1.00	1	0	1
600022.SH	山东钢铁	68.69	68.69	0	1.00	0	1	1
600111.SH	包钢稀土	28.49	38.92	10.43	1.37	0	1	1
600117.SH	西宁特钢	19.75	39.6	19.85	2.01	0	1	2
600126.SH	杭钢股份	65.07	65.07	0	1.00	0	1	3
600139.SH	西部资源	49.83	50.45	0.62	1.01	0	0	1
600165.SH	新日恒力	9.52	39.2	29.68	4.12	0	0	3
600219.SH	南山铝业	42.5	42.5	0	1.00	0	1	1
600231.SH	凌钢股份	53.67	53.67	0	1.00	0	1	1
600255.SH	鑫科材料	7.7	28.74	21.04	3.73	0	0	3
600259.SH	广晟有色	50.02	50.02	0	1.00	0	1	8
600282.SH	南钢股份	8.84	57.25	48.41	6.48	0	0	1
600307.SH	酒钢宏兴	83.74	83.74	0	1.00	0	1	1
600311.SH	荣华实业	10.08	16.37	6.29	1.62	0	0	1
600331.SH	宏达股份	18.48	26.395	7.915	1.43	0	0	2
600338.SH	*ST 珠峰	21.46	40.8	19.34	1.90	0	0	2
600362.SH	江西铜业	38.77	38.77	0	1.00	0	1	1
600390.SH	金瑞科技	39.89	41.34	1.45	1.04	1	0	2
600399.SH	抚顺特钢	17.59	30.82	13.23	1.75	0	1	2
600432.SH	吉恩镍业	17.9	33	15.1	1.84	0	1	1
600456.SH	宝钛股份	49.42	52.93	3.51	1.07	0	1	1
600459.SH	贵研铂业	40.72	40.72	0	1.00	0	1	1
600477.SH	杭萧钢构	37.42	37.42	0	1.00	0	0	2

续　表

证券代码	简 称	所有权%	控制权%	分离度差比%	分离度商比	是否央企	是否地方国企	链条长度
600489.SH	中金黄金	49.4	49.4	0	1.00	1	0	2
600496.SH	精工钢构	4.89	28.72	23.83	5.87	0	0	1
600497.SH	驰宏锌锗	36.15	51.64	15.49	1.43	0	1	1
600507.SH	方大特钢	38.87	68.48	29.61	1.76	0	0	1
600531.SH	豫光金铅	42.46	42.46	0	1.00	0	1	2
600547.SH	山东黄金	50.25	50.25	0	1.00	0	1	2
600549.SH	厦门钨业	34.11	34.11	0	1.00	0	1	2
600558.SH	大西洋	37.21	37.21	0	1.00	0	1	1
600569.SH	安阳钢铁	60.11	60.11	0	1.00	0	1	1
600581.SH	八一钢铁	40.13	53.12	12.99	1.32	1	0	3
600595.SH	中孚实业	34.71	61.68	26.97	1.78	0	0	1
600673.SH	东阳光铝	29.91	51.724	21.814	1.73	0	0	2
600711.SH	盛屯矿业	4.67	18.54	13.87	3.97	0	0	3
600768.SH	宁波富邦	19.15	33.4	14.25	1.74	0	0	1
600782.SH	新钢股份	56.31	72.91	16.6	1.29	0	1	10
600784.SH	鲁银投资	14.52	14.52	0	1.00	0	1	2
600808.SH	马钢股份	50.47	50.47	0	1.00	0	1	2
600882.SH	华联矿业	30.54	30.54	0	1.00	1	0	2
600888.SH	新疆众和	1.28	11.39	10.11	8.90	0	0	2
600961.SH	株冶集团	13.09	44.486	31.396	3.40	1	0	2
600992.SH	贵绳股份	29.05	39.62	10.57	1.36	0	1	1
601003.SH	柳钢股份	82.51	82.51	0	1.00	0	1	2
601005.SH	重庆钢铁	46.21	46.21	0	1.00	0	1	1
601028.SH	玉龙股份	67.71	67.71	0	1.00	0	0	2
601137.SH	博威合金	39.55	48.81	9.26	1.23	0	0	1
601168.SH	西部矿业	14.21	28.21	14	1.99	0	1	3
601600.SH	中国铝业	38.56	38.56	0	1.00	1	0	2
601677.SH	明泰铝业	26.41	26.41	0	1.00	0	0	2

续　表

证券代码	简 称	所有权%	控制权%	分离度差比%	分离度商比	是否央企	是否地方国企	链条长度
601700.SH	风范股份	30.17	30.17	0	1.00	0	0	2
601899.SH	紫金矿业	28.96	28.96	0	1.00	0	1	1
601958.SH	金钼股份	74.09	74.09	0	1.00	0	1	2

附录 3　2007～2011 年中国 A 股金属类上市公司价值情况

证券代码	简 称	Tobin－Q2007	Tobin－Q2008	Tobin－Q2009	Tobin－Q2010	Tobin－Q2011
000060.SZ	中金岭南	4.566 984 465	1.515 990 987	3.046 684 715	3.064 218 223	1.734 421 042
000426.SZ	兴业矿业	2.151 984 983	0.990 982 664	3.795 642 805	4.352 684 632	1.708 764 869
000603.SZ	盛达矿业	7.005 347 116	7.252 543 438	6.895 453 519	27.146 586 35	7.791 501 172
000612.SZ	焦作万方	6.794 730 99	1.428 418 12	3.929 286 773	3.129 700 332	1.562 518 598
000629.SZ	攀钢钒钛	2.475 980 632	1.950 063 783	1.504 613 043	1.832 253 133	1.673 506 205
000630.SZ	铜陵有色	2.359 936 414	1.090 875 669	1.913 115 722	2.153 123 069	1.386 042 229
000655.SZ	金岭矿业	10.443 346 64	2.335 136 042	5.987 508 194	5.827 051 616	3.117 113 963
000697.SZ	炼石有色	1.876 033 911	1.267 158 139	2.746 389 033	3.578 969 534	3.770 247 687
000708.SZ	大冶特钢	2.630 020 007	1.076 856 69	1.904 002 752	1.961 843 015	1.312 469 869
000709.SZ	河北钢铁	2.252 884 847	1.008 592 767	0.957 411 317	0.949 238 52	0.897 845 238
000717.SZ	韶钢松山	1.704 394 917	0.971 324 121	1.292 907 255	1.019 923 844	0.992 972 027
000751.SZ	＊ST 锌业	2.883 894 523	1.174 746 281	1.708 538 432	1.948 089 068	1.589 222 475
000758.SZ	中色股份	3.407 450 439	1.058 843 538	1.655 701 728	2.606 838 875	1.701 793 465
000761.SZ	本钢板材	1.803 414 891	0.859 147 16	1.149 874 345	1.058 804 097	0.931 569 918
000762.SZ	西藏矿业	6.356 700 473	2.468 688 408	6.242 635 235	8.766 282 837	2.535 275 266
000778.SZ	新兴铸管	1.781 612 46	1.003 744 628	1.472 083 827	1.189 189 198	0.964 023 963
000807.SZ	云铝股份	4.303 580 704	1.172 965 272	2.196 139 254	1.805 897 958	1.174 390 158
000825.SZ	太钢不锈	2.179 486 056	0.988 919 311	1.529 848 546	1.117 629 653	0.942 090 483

续　表

证券代码	简 称	Tobin－Q2007	Tobin－Q2008	Tobin－Q2009	Tobin－Q2010	Tobin－Q2011
000878.SZ	云南铜业	3.126 874 4	1.264 200 335	2.271 819 691	1.908 521 257	1.479 718 61
000890.SZ	法尔胜	1.374 143 905	0.931 298 409	1.366 775 893	1.369 870 284	1.120 463 672
000898.SZ	鞍钢股份	2.513 170 982	0.887 529 747	1.441 503 615	0.925 669 565	0.763 788 045
000932.SZ	华菱钢铁	1.168 473 222	0.921 471 717	1.055 555 853	0.940 537 581	0.920 184 455
000959.SZ	首钢股份	1.973 895	1.042 372 667	1.530 573 793	1.268 294 828	1.001 585 898
000960.SZ	锡业股份	5.780 173 149	1.538 586 998	3.364 282 525	2.969 020 583	1.657 969 599
000962.SZ	东方钽业	6.900 312 354	1.318 182 944	2.180 907 487	3.211 448 647	1.854 853 246
000969.SZ	安泰科技	2.487 074 158	1.563 804 645	2.854 340 699	4.019 585	2.492 460 361
002075.SZ	沙钢股份	3.118 394 681	2.434 851 424	4.831 945 835	1.584 419 42	1.218 322 007
002082.SZ	栋梁新材	2.907 423 454	1.406 946 025	3.290 704 842	2.680 568 472	1.696 710 698
002110.SZ	三钢闽光	2.086 033 719	1.074 819 765	1.943 109 554	1.401 378 57	1.093 452 956
002132.SZ	恒星科技	4.484 738 653	1.608 853 215	2.398 733 35	3.821 730 475	1.847 009 799
002144.SZ	宏达高科	6.718 118 801	1.733 487 318	3.599 554 393	1.992 714 642	1.652 533 826
002149.SZ	西部材料	5.660 047 72	1.795 553 345	2.597 890 821	2.361 743 681	1.379 891 836
002155.SZ	辰州矿业	8.285 145 169	1.945 087 492	5.385 035 141	6.612 000 925	3.309 199 011
002160.SZ	常铝股份	3.830 450 214	1.300 728 623	2.142 561 863	2.372 556 551	2.268 514 496
002167.SZ	东方锆业	6.683 986 776	2.303 833 391	3.470 963 458	6.729 902 539	2.987 998 142
002171.SZ	精诚铜业	4.415 810 595	1.656 020 36	3.060 158 076	3.707 642 64	3.517 136 829
002182.SZ	云海金属	4.180 054 987	1.452 289 051	2.093 001 922	1.988 797 271	1.795 332 288
002203.SZ	海亮股份	——①	1.377 971 341	1.971 801 994	2.050 400 802	1.442 967 936
002237.SZ	恒邦股份	——	1.968 325 697	3.939 240 222	2.632 338 011	1.532 761 888
002295.SZ	精艺股份	——	——	3.130 831 877	2.168 528 463	1.400 702 842
002318.SZ	久立特材	——	——	2.941 008 609	2.401 048 013	1.804 547 291
002333.SZ	罗普斯金	——	——	——	2.895 472 794	1.742 439 242
002340.SZ	格林美	——	——	——	4.449 556 114	1.879 166 136
002352.SZ	鼎泰新材	——	——	——	3.087 714 935	1.837 007 98

① ——表示该公司此年度尚未上市，该统计口径数据不可得。

续 表

证券代码	简 称	Tobin-Q2007	Tobin-Q2008	Tobin-Q2009	Tobin-Q2010	Tobin-Q2011
002359.SZ	齐星铁塔	——	——	——	2.991 077 244	1.737 225 799
002378.SZ	章源钨业	——	——	——	7.737 046 507	4.371 554 004
002379.SZ	鲁丰股份	——	——	——	1.879 496 402	1.315 392 324
002423.SZ	中原特钢	——	——	——	1.950 180 075	1.649 407 096
002428.SZ	云南锗业	——	——	——	7.259 709 756	3.606 245 091
002443.SZ	金洲管道	——	——	——	2.114 141 282	1.152 717 298
002460.SZ	赣锋锂业	——	——	——	6.384 976 334	3.853 145 06
002478.SZ	常宝股份	——	——	——	2.304 169 467	1.631 169 279
002487.SZ	大金重工	——	——	——	3.209 523 615	1.425 031 029
002501.SZ	利源铝业	——	——	——	3.128 041 559	1.818 516 586
002524.SZ	光正钢构	——	——	——	4.371 235 522	2.785 512 395
002540.SZ	亚太科技	——	——	——	——	1.305 814 125
002541.SZ	鸿路钢构	——	——	——	——	1.489 130 246
002545.SZ	东方铁塔	——	——	——	——	1.354 964 564
002578.SZ	闽发铝业	——	——	——	——	1.801 022 305
002617.SZ	露笑科技	——	——	——	——	1.485 010 714
300034.SZ	钢研高纳	——	——	4.778 777 152	4.719 622 429	2.738 667 539
300057.SZ	万顺股份	——	——	——	3.856 236 715	2.236 812 047
600005.SH	武钢股份	2.979 837 458	1.133 007 43	1.512 052 574	1.069 024 895	0.916 554 274
600010.SH	包钢股份	2.082 846 521	1.044 705 643	1.404 244 547	1.278 242 388	1.270 327 212
600019.SH	宝钢股份	2.119 323 478	0.917 098 725	1.337 802 92	1.002 589 459	0.876 518 414
600022.SH	山东钢铁	2.267 448 965	1.013 776 806	1.321 166 864	1.117 709 963	1.116 795 062
600111.SH	包钢稀土	5.801 212 151	1.597 965 742	4.038 805 522	7.076 027 079	3.478 029 749
600117.SH	西宁特钢	2.447 488 72	1.006 269 244	1.462 616 959	1.285 381 011	1.092 660 685
600126.SH	杭钢股份	1.428 145 905	0.942 554 411	1.243 974 245	1.031 546 779	0.926 384 535
600139.SH	西部资源	8.243 549 305	4.576 590 431	14.424 228 87	14.565 602 09	2.808 939 64
600165.SH	新日恒力	1.787 578 009	1.160 482 068	1.676 296 232	1.635 359 959	1.518 737 786
600219.SH	南山铝业	3.522 744 271	0.911 358 266	1.610 055 515	1.155 278 732	0.779 494 728

续　表

证券代码	简　称	Tobin－Q2007	Tobin－Q2008	Tobin－Q2009	Tobin－Q2010	Tobin－Q2011
600231.SH	凌钢股份	2.106 103 75	1.112 299 831	2.075 022 149	1.407 598 026	1.050 721 81
600255.SH	鑫科材料	2.212 353 106	1.166 375 496	1.960 594 665	2.933 309 964	1.606 673 898
600259.SH	广晟有色	2.162 204 682	1.356 911 527	4.028 884 798	10.060 400 82	4.855 955 189
600282.SH	南钢股份	2.382 981 357	1.048 245 988	1.460 862 236	1.089 208 825	1.031 350 488
600307.SH	酒钢宏兴	3.074 170 095	0.937 179 169	1.806 013 421	1.266 524 973	1.061 162 734
600311.SH	荣华实业	5.742 065 777	3.334 685 288	5.770 493 307	9.206 738 772	5.289 422 445
600331.SH	宏达股份	5.630 689 149	1.300 254 247	2.889 045 827	2.355 253 327	1.710 394 659
600338.SH	*ST 珠峰	4.686 285 537	2.418 357 075	5.099 030 591	5.250 351 474	3.357 564 578
600362.SH	江西铜业	3.161 217 622	0.859 499 975	2.119 581 099	2.079 437 756	1.083 700 832
600390.SH	金瑞科技	2.625 415 606	1.156 870 146	2.218 029 669	2.824 880 241	1.972 050 573
600399.SH	抚顺特钢	1.962 610 568	1.073 863 661	1.488 804 805	1.296 322 849	1.051 808 364
600432.SH	吉恩镍业	6.570 053 548	1.471 899 179	3.838 950 083	2.753 851 837	1.481 722 707
600456.SH	宝钛股份	8.805 670 754	1.192 894 956	2.131 638 767	2.425 628 405	1.671 051 909
600459.SH	贵研铂业	4.573 835 471	1.308 569 162	3.397 275 143	3.801 357 443	1.858 041 819
600477.SH	杭萧钢构	2.050 251 673	1.328 452 319	1.729 862 372	1.609 090 685	1.210 685 692
600489.SH	中金黄金	9.138 121 664	2.085 952 189	4.300 109 698	4.814 986 054	2.281 550 289
600496.SH	精工钢构	1.869 452 481	1.143 839 616	1.757 964 594	2.113 101 877	1.510 859 427
600497.SH	驰宏锌锗	6.270 572 245	2.040 617 484	3.805 168 218	3.288 607 835	1.853 604 352
600507.SH	方大特钢	1.863 427 101	0.997 591 683	1.679 235 766	1.818 008 437	1.171 466 86
600531.SH	豫光金铅	3.112 924 338	1.266 023 476	2.099 029 094	2.417 227 524	1.405 528 069
600547.SH	山东黄金	15.101 051 84	4.539 735 624	9.614 227 303	8.348 973 868	3.685 803 236
600549.SH	厦门钨业	2.356 128 364	1.210 426 88	1.830 607 7	3.368 156 469	2.199 612 403
600558.SH	大西洋	2.389 921 79	1.287 048 539	1.796 571 728	1.802 664 489	1.078 521 756
600569.SH	安阳钢铁	1.776 970 282	0.881 712 829	1.115 310 862	0.913 817 056	0.866 852 713
600581.SH	八一钢铁	2.043 337 592	1.081 950 68	1.743 656 341	1.438 118 788	1.148 645 891
600595.SH	中孚实业	4.339 662 326	1.157 057 594	2.344 361 633	1.961 844 615	1.083 484 114
600673.SH	东阳光铝	2.749 501 877	1.079 001 951	1.870 793 869	3.094 181 225	1.401 597 336
600711.SH	盛屯矿业	6.659 722 42	2.481 120 109	4.807 043 622	2.479 124 204	2.041 658 9

续 表

证券代码	简 称	Tobin－Q2007	Tobin－Q2008	Tobin－Q2009	Tobin－Q2010	Tobin－Q2011
600768. SH	宁波富邦	2. 448 124 466	1. 511 746 724	2. 819 948 495	2. 812 893 013	2. 341 022 293
600782. SH	新钢股份	2. 011 802 05	0. 891 938 942	1. 173 945 611	0. 979 080 249	0. 925 416 245
600784. SH	鲁银投资	2. 269 169 797	1. 275 988 938	1. 990 401 65	2. 010 070 876	1. 469 333 668
600808. SH	马钢股份	1. 379 861 615	0. 890 372 442	1. 043 426 045	0. 890 895 944	0. 825 765 022
600882. SH	华联矿业	1. 879 245 152	1. 198 191 85	1. 833 598 649	1. 880 323 624	2. 120 190 497
600888. SH	新疆众和	6. 053 275 125	1. 420 843 514	2. 357 111 557	2. 659 659 797	1. 329 005 355
600961. SH	株冶集团	2. 872 701 328	1. 081 600 054	1. 998 005 965	2. 119 357 945	1. 529 556 426
600992. SH	贵绳股份	1. 652 650 529	0. 953 593 122	1. 712 768 189	1. 584 148 945	1. 240 003 159
601003. SH	柳钢股份	2. 493 867 454	1. 226 666 112	2. 102 077 504	1. 397 936 09	1. 189 101 276
601005. SH	重庆钢铁	1. 473 462 717	0. 877 488 94	1. 089 121 818	0. 946 279 337	0. 970 885 318
601028. SH	玉龙股份	——	——	——	——	1. 265 585 995
601137. SH	博威合金	——	——	——	——	1. 663 461 915
601168. SH	西部矿业	6. 619 262 328	1. 243 229 27	2. 254 270 787	2. 470 099 343	1. 375 698 217
601600. SH	中国铝业	4. 087 327 119	0. 990 580 421	1. 619 883 397	1. 282 755 879	1. 021 333 775
601677. SH	明泰铝业	——	——	——	——	1. 627 388 662
601700. SH	风范股份	——	——	——	——	1. 365 304 266
601899. SH	紫金矿业	——	2. 197 405 763	3. 696 887 95	2. 574 710 239	1. 577 938 413
601958. SH	金钼股份	——	1. 908 155 535	4. 417 337 949	5. 495 032 302	2. 549 178 278

附录 4　2007～2011 年中国 A 股金属类上市公司利润情况

代 码	简 称	2007 总利润（万元）	2008 总利润（万元）	2009 总利润（万元）	2010 总利润（万元）	2011 总利润（万元）
601028. SH	玉龙股份	15 285. 299 7	19 713. 915	24 777. 721	26 257. 076 1	20 238. 372 8
002617. SZ	露笑科技	——	3 398. 686 6	2 896. 526 6	6 948. 607 3	6 478. 366
601677. SH	明泰铝业	——	3 954. 928	18 020. 636	32 724. 486 5	37 734. 803 9

续　表

代 码	简 称	2007 总利润（万元）	2008 总利润（万元）	2009 总利润（万元）	2010 总利润（万元）	2011 总利润（万元）
002578.SZ	闽发铝业	——	3 734.849 5	4 309.612 7	6 164.538 1	6 784.585 9
002545.SZ	东方铁塔	8 364.117	7 637.489 8	17 138.691 1	27 814.467 5	30 527.619 6
601137.SH	博威合金	7 648.884 2	3 892.503 7	10 289.133 2	13 683.256 4	15 215.480 5
601700.SH	风范股份	3 877.331 2	10 933.017 3	17 664.223 4	22 192.667 6	13 836.980 8
002541.SZ	鸿路钢构	5 601.834 6	5 754.723 3	9 654.230 3	19 633.848 8	26 981.601 6
002540.SZ	亚太科技	7 602.033 8	9 952.312 4	11 566.127 2	14 817.15	14 857.831 9
002524.SZ	光正钢构	1 276.559 7	2 401.845 2	2 357.000 8	2 745.915 3	2 918.421 4
002501.SZ	利源铝业	3 310.691 2	5 349.876 5	7 599.031 3	11 364.252 3	16 607.053
002487.SZ	大金重工	1 853.290 2	6 905.730 3	11 080.653 9	11 522.894 4	6 256.266 5
002478.SZ	常宝股份	21 752.180 2	36 092.817 2	28 339.457 3	26 599.402 8	33 200.377 3
002460.SZ	赣锋锂业	4 420.791 7	5 340.369 3	4 393.076 5	5 148.861 1	6 458.519 9
002443.SZ	金洲管道	6 902.885	10 139.339 2	12 119.661 1	8 894.797 9	7 731.264 1
002428.SZ	云南锗业	7 072.924 6	9 432.987	9 237.510 3	9 022.205 9	10 841.587 2
002423.SZ	中原特钢	11 952.733 7	14 219.389 3	15 104.249 9	10 735.991 6	10 545.909 5
002378.SZ	章源钨业	15 173.404	10 814.108 2	13 543.064	17 638.892 6	34 959.176 5
002379.SZ	鲁丰股份	4 729.181 6	4 175.418 7	4 417.009 5	4 987.604 9	1 692.211 5
300057.SZ	万顺股份	5 809.168 9	7 169.836	9 494.763 6	9 575.696	9 674.882 4
002359.SZ	齐星铁塔	3 359.637 9	4 197.029 9	5 180.368 4	3 555.627 8	3 066.770 1
002352.SZ	鼎泰新材	5 334.034 2	4 524.227	4 886.426	2 762.049	4 901.650 8
002340.SZ	格林美	4 113.004 6	4 349.993 6	6 194.379 6	9 712.586 6	13 321.332 1
002333.SZ	罗普斯金	6 019.261 3	6 321.759 3	11 375.647 3	7 855.048 6	10 251.475
300034.SZ	钢研高纳	3 151.149 9	3 346.884 1	4 450.560 4	5 383.102 8	7 524.871 1
002318.SZ	久立特材	12 591.228 6	9 269.303 2	12 028.66	9 172.488 1	13 498.283 9
002295.SZ	精艺股份	7 401.988 9	6 995.092 2	8 680.429 8	10 001.119 7	1 701.783 5
002237.SZ	恒邦股份	12 037.153 3	23 730.656 9	20 067.718 2	25 516.213 5	29 013.569 8
601899.SH	紫金矿业	442 851.862	453 305.565	501 890.779 1	733 157.177	927 630.169
601958.SH	金钼股份	353 160.512	323 006.944	68 130.952 1	100 215.090	85 638.13

续 表

代码	简称	2007 总利润（万元）	2008 总利润（万元）	2009 总利润（万元）	2010 总利润（万元）	2011 总利润（万元）
002203.SZ	海亮股份	17 773.325 4	20 206.847 7	19 785.572 2	25 797.341 8	24 580.246 6
002182.SZ	云海金属	7 316.173 5	4 253.021 1	1 105.218 5	4 187.811 7	2 507.338 2
002171.SZ	精诚铜业	8 840.644 8	−5 035.692 8	4 512.406 4	10 244.277 2	3 418.012 5
002167.SZ	东方锆业	2 463.090 4	2 884.337 5	3 453.210 6	5 239.614 8	10 800.999 4
002160.SZ	常铝股份	6 188.881 3	585.415 2	850.121 4	5 017.986 8	680.57
002155.SZ	辰州矿业	18 267.020 4	8 027.063	14 984.279 9	28 764.873 2	67 610.139 3
002149.SZ	西部材料	4 896.341 8	4 759.854 2	5 093.788 9	7 967.981	544.539 5
002144.SZ	宏达高科	2 750.297 6	772.473 9	1 220.313 4	4 555.001 2	8 044.851 6
601168.SH	西部矿业	229 110.380	60 126.792 4	81 285.641 8	119 320.913	117 997.389
601600.SH	中国铝业	1 438 986.7	12 481.5	−539 059.7	138 035.4	81 799.6
002132.SZ	恒星科技	10 045.416 6	9 383.335 3	11 577.984 2	12 098.214 8	8 084.572 6
601005.SH	重庆钢铁	47 023.4	60 576.4	9 502.8	1 413.2	−137 509.6
601003.SH	柳钢股份	107 826.436	2 228.311	31 477.601 3	70 203.481 9	40 279.069 8
002110.SZ	三钢闽光	73 445.982 8	3 029.576 8	5 234.819 2	15 851.894 3	29 224.488 5
002082.SZ	栋梁新材	8 778.540 5	9 380.218 6	15 222.984 7	19 429.682 7	20 000.454 2
002075.SZ	沙钢股份	−18 517.915	−51 639.770	−16 323.012 1	85 800.637	68 084.868 7
600961.SH	株冶集团	14 106.169 4	6 971.674 3	8 552.392 4	2 613.659 7	−58 890.410
600022.SH	山东钢铁	203 430.146	106 034.806	14 732.520 6	12 738.504 4	8 242.398 8
600992.SH	贵绳股份	5 362.315 9	4 194.174 5	3 513.593	3 691.778	3 016.182 3
600497.SH	驰宏锌锗	150 237.759	18 730.505 9	30 143.393 6	55 416.032 4	43 099.060 9
600477.SH	杭萧钢构	5 857.829 1	9 304.051 5	15 283.919 7	15 836.985 3	9 639.261 4
600507.SH	方大特钢	33 811.211 2	1 769.548 7	5 802.458 2	40 030.621 8	98 403.785
600432.SH	吉恩镍业	98 978.711 1	27 565.738 7	14 153.165 7	12 208.008 3	−1 703.230 4
600547.SH	山东黄金	36 753.784 3	89 575.115 5	109 400.465 4	178 810.643	269 238.071
600489.SH	中金黄金	62 049.708 9	88 673.902 3	102 895.460 3	215 268.602	328 412.299
600459.SH	贵研铂业	11 720.024 8	−10 800.476	1 792.416 2	6 623.986	5 338.315 7
600549.SH	厦门钨业	37 895.152 5	40 515.798 6	72 434.588 4	65 235.808 6	214 704.017

续　表

代码	简称	2007 总利润（万元）	2008 总利润（万元）	2009 总利润（万元）	2010 总利润（万元）	2011 总利润（万元）
600581.SH	八一钢铁	41 474.482 6	5 583.975 3	7 834.264 7	60 523.252 8	50 881.78
600531.SH	豫光金铅	24 572.529 5	5 103.562 8	14 112.760 7	21 596.764 3	13 440.907 1
600595.SH	中孚实业	79 581.980 5	27 758.907 2	43 941.692 9	34 339.254 8	24 228.573 7
600496.SH	精工钢构	13 282.459 6	15 626.347 6	25 501.834	24 844.788 8	32 162.606 3
600456.SH	宝钛股份	60 574.736 4	37 150.898 7	2 207.152	937.243 9	10 849.803 3
600362.SH	江西铜业	492 444.565	299 805.032	317 614.852 4	597 986.827	767 087.622
600331.SH	宏达股份	125 361.925	−59 259.577	31 089.929 3	−20 621.288	12 104.073 7
600569.SH	安阳钢铁	114 544.551	15 554.628 1	14 573.250 4	10 486.075 4	37 310.950 6
600311.SH	荣华实业	5 245.247 4	727.199 1	−12 024.703	2 851.374 9	2 923.682 5
600010.SH	包钢股份	194 183.6	105 987.707	−216 442.659	25 987.401	64 648.734 4
600558.SH	大西洋	9 098.205 3	7 139.236 1	10 344.000 4	8 701.704 9	6 090.327 1
600390.SH	金瑞科技	7 356.890 5	4 345.541 8	−15 506.138 4	4 755.002 8	−9 386.174 8
600399.SH	抚顺特钢	4 286.229 5	4 342.379 8	3 801.756 9	4 037.106 6	3 688.431 8
600338.SH	*ST 珠峰	−8 105.013 5	4 967.809 3	5 656.309 8	−215.482 6	−3 303.051 3
600307.SH	酒钢宏兴	98 207.692 4	1 912.996 3	41 958.549 8	116 995.948	183 841.378
600019.SH	宝钢股份	1 930 768.74	815 436.561	729 455.539 6	1 707 623.30	926 012.536
600255.SH	鑫科材料	10 158.194 2	1 746.030 1	1 733.401 6	6 168.566 3	5 299.951 2
600282.SH	南钢股份	133 691.512	14 529.962 1	15 333.424 4	108 129.904	28 103.452
000969.SZ	安泰科技	21 690.551	20 525.847 7	21 846.085 4	29 916.512 4	43 896.922 2
600259.SH	广晟有色	201.963 2	239.909 2	4 043.815 3	7 213.349 6	29 852.173 6
600231.SH	凌钢股份	52 697.465 6	44 571.049 9	39 948.314 7	69 978.020 8	19 305.462 1
000960.SZ	锡业股份	67 681.796 9	−1 005.224 5	15 828.327 9	41 599.802 5	80 528.049 2
000962.SZ	东方钽业	7 146.817 8	7 047.834 6	4 283.348 7	8 389.397 7	26 459.409 6
600219.SH	南山铝业	159 528.317	84 130.427 8	95 238.073	105 516.732	138 141.028
000959.SZ	首钢股份	96 486.494 1	54 007.009	45 080.577 6	32 069.235 9	−16 684.138
000932.SZ	华菱钢铁	232 494.061	113 263.885	5 844.952 7	−253 667.20	8 355.725 7
600005.SH	武钢股份	940 653.107	635 029.509	195 667.848 6	220 682.488	142 293.779

续 表

代 码	简 称	2007 总利润(万元)	2008 总利润(万元)	2009 总利润(万元)	2010 总利润(万元)	2011 总利润(万元)
000890.SZ	法尔胜	2 963.851 4	−376.349 8	3 508.195 7	3 083.933 5	2 213.242 5
000825.SZ	太钢不锈	530 066.848	111 011.38	95 480.751 2	145 729.125	181 213.026
000878.SZ	云南铜业	102 612.243	−305 619.86	46 926.565 1	67 870.693 4	112 562.002
600165.SH	新日恒力	637.875 2	626.684 5	796.797 1	−5 271.745	1 028.606 3
000807.SZ	云铝股份	70 168.307 7	3 622.478 5	6 163.167 8	5 945.842 1	14 730.909 2
600126.SH	杭钢股份	51 969.545 9	5 433.740 6	21 656.049 5	47 652.026 6	42 419.411 8
600139.SH	西部资源	3 576.555	7 715.546 5	12 107.637 1	13 733.394 2	29 026.258 6
000761.SZ	本钢板材	216 491.165	24 130.345 3	−132 454.420	100 462.464	86 719.339 7
000898.SZ	鞍钢股份	1 037 300	384 200	84 300	235 800	−328 100
600117.SH	西宁特钢	50 725.797	31 663.496 7	8 503.609 8	41 635.816 4	60 891.548 1
600111.SH	包钢稀土	51 505.798 3	26 611.538 1	17 349.118	184 211.739	727 554.953
000762.SZ	西藏矿业	5 717.591 9	7 276.071 3	254.082 6	2 998.485 9	3 439.269
000751.SZ	*ST 锌业	−36 426.66	−131 619.17	9 089.966 2	−24 000.20	−107 960.38
000778.SZ	新兴铸管	96 942.751	79 660.268 7	135 030.852 4	176 303.71	220 238.34
000717.SZ	韶钢松山	86 639.292 7	−181 577.74	10 951.793 2	2 481.472 9	−103 911.00
000709.SZ	河北钢铁	316 462.596	245 625.699	110 698.401 2	166 397.348	177 743.849
000758.SZ	中色股份	88 890.633 3	31 708.998 3	32 995.505 6	41 863.183 6	70 018.456 1
000708.SZ	大冶特钢	32 362.685 1	17 892.161 3	38 043.587	64 215.234 7	65 423.877 4
000697.SZ	炼石有色	−6 331.680 5	−6 186.504 5	339.695 4	−7 943.529 5	−5 083.728
000060.SZ	中金岭南	137 318.837	45 382.209 6	63 000.124 6	73 467.633 2	137 856.120
600782.SH	新钢股份	43 797.396 6	92 969.127	19 001.068 9	42 854.790 2	17 366.942 6
600784.SH	鲁银投资	5 300.154 2	4 047.246 3	5 569.416 5	11 361.464 3	35 464.949 8
000655.SZ	金岭矿业	32 387.287	51 407.492 4	29 093.397 9	65 585.312 8	67 276.745 4
000630.SZ	铜陵有色	151 786.950	84 135.730 4	83 422.481 7	122 202.397	186 626.163
000629.SZ	攀钢钒钛	105 396.681	−46 659.72	−134 462.442	109 026.811	49 971.147 7
600768.SH	宁波富邦	347.677 2	−6 027.474 9	190.702 9	2 068.723 4	−471.225 4
000612.SZ	焦作万方	103 535.56	43 461.549 3	25 171.715 4	8 896.318 6	38 240.929 2

续　表

代码	简称	2007总利润（万元）	2008总利润（万元）	2009总利润（万元）	2010总利润（万元）	2011总利润（万元）
000426.SZ	兴业矿业	1 853.107 1	−13 652.632	7 902.105 8	−4 996.486 9	18 839.625 9
000603.SZ	盛达矿业	527.338 2	−188.392 8	−334.793 3	491.822 1	74 795.902 6
600711.SH	盛屯矿业	3 840.881	1 450.117 3	−4 572.587	3 492.596 3	3 683.770 3
600888.SH	新疆众和	13 658.858	12 523.050 6	21 124.773 3	31 896.493 7	29 879.137
600882.SH	华联矿业	3 005.003 6	−10 441.448	809.820 4	−6 916.609 1	−35 554.382
600808.SH	马钢股份	279 670.472	80 587.419 2	56 287.574 5	171 111.172	30 109.936 8
600673.SH	东阳光铝	6 630.545	20 261.285 7	15 221.271 7	40 552.404 9	50 244.381 2

参 考 文 献

英文文献

[1] Barca, Fabrizio, Marco Becht. *The Control of Corporate Europe*[M]. Oxford: Oxford University Press, 2001.

[2] Bebchuk, L., Kraakman, R., Triantis, G.. *Stock Pyramids, Cross-Ownership, and Dual Class Equity: The Creation and Agency Costs of Separating Control From Cash Flow Rights*[M]. Chicago: University of Chicago Press, 2000.

[3] Henk Berkman, Rebel Cole, Fu Lawrence. Agency Conflicts, Expropriation and Firm Value: Evidence from Securities-Market Regulation in China[R]. University Library of Munich, Germany, 2005.

[4] Sea-Jin Chang. *Financial Crisis and Transformation of Korean Business Groups*[M]. Cambridge University Press, 2003.

[5] Neil J. Smelser, Richard Swedberg. *The Handbook of Economic Sociology*[M]. Princeton: Princeton University Press, 1994.

[6] Roy, William G.. *Socializing Capital: The Rise of the Large Industrial Corporation in America*[M]. Princeton: Princeton University Press, 1997.

[7] Williamson, O. E.. *The Economic Institutions of Capitalism*[M]. New York: Free Press, 1985.

[8] Wolfenzon, D.. *A Theory of Pyramidal Ownership*[M]. Cambridge:

Harvard University Press, 1999.

[9] Almeida, H. V., Wolfenzon. A Theory of Pyramidal Ownership and Family Business Group[R]. New York University Working Paper, 2004.

[10] Najah Attig, Klaus Fischer, Yoser Gadhoum. On the Determinants, Costs, and Benefits of Pyramidal ownership, Evidence on Expropriation of Minority Interests[R]. EFA 2004 Maastricht Meetings Paper, 2003.

[11] Black B., Kraakman R., Tarassova A.. Russian Privatization and Corporate Governance: What Went Wrong? [J]. *Stanford Law Review*, 2000(52).

[12] Marianne Bertrand, Paras Mehta, Sendhil Mullainathan. Ferreting out Tunneling: An Application to Indian Business Groups[J]. *The Quarterly Journal of Economics*, 2002(117).

[13] Cao, Y. Z., Y. Y. Qian, B. R. Weingast. From Federalism, Chinese Style to Privatization, Chinese Style[J]. *Economics of Transition*, 1999(7).

[14] Cheung Y. L., Rau P. R., Stouraitis A.. Tunneling, Propping and Expropriation: Evidence from Connected Party Transactions in Hong Kong[J]. *Journal of Financial Economics*, 2006(82).

[15] Stijn Claessens, Simeon Djankov, Larry Lang. The Separation of Ownership and Control in East Asian Corporations[J]. *Journal of Financial Economics*, 2000(58).

[16] Stijn Claessens, Simeon Djankov. Privatization Benefits in Eastern Europe[J]. *Journal of Public Economics*, 2002(83).

[17] Claessens, S., Djankov, S., Fan, J. P. H., Lang, L. H. P.. Disentangling the Incentive and Entrenchment Effects of Large Shareholdings[J]. *Journal of Finance*, 2002(57).

[18] Claessens, S., Fan, J. P. H., Lang, L. H. P.. The Benefits

and Costs of Group Affiliation: Evidence from East Asia[R]. World Bank Working Paper, 2002.

[19] Mara Faccio, Larry Lang. The Ultimate Ownership of Western European Corporations[J]. *Journal of Financial Economics*, 2002(65).

[20] Joseph P. H. Fan, Wong T. J., Tianyu Zhang. Organizational Structure as a Decentralization Device: Evidence from Corporate Pyramids[EB/OL][2010-11-07]. www.docin.com/p-95043384.html.

[21] Eric Friedman, Simon Johnson, Todd Mitton. Propping and Tunneling[J]. *Journal of Comparative Economics*, 2003(31).

[22] Ronald J. Gilson. Controlling Family Shareholders in Developing Countries: Anchoring Relational Exchange[J]. *Stanford Law Review*, 2007(60).

[23] Anais Hamelin. Is There Tunneling in Small Business Groups? Evidence from French SMEs[R]. CEB Working Paper, 2010.

[24] Holmen M., Hogfeldt P.. Pyramidal Discounts: Tunneling or Overinvestment? [R]. NBER Working Paper, 2005.

[25] Hoshi T., Kashyap A., Scharfstein D.. Corporate Structure, Liquidity and Investment: Evidence from Japanese Industrial Groups[J]. *Quarterly Journal of Economics*, 1991(106).

[26] Horner. The Value of Corporation Voting Right: Evidence from Switzerland[J]. *Journal of Banking and Finance*, 1988(12).

[27] Simon Johnson, Rafael La Porta, Florencio Lopez-de-Silanes, Andrei Shleifer. Tunneling[J]. *American Economic Review Papers and Proceedings*, 2000(90).

[28] Joseph P. H. Fan, T. J. Wong, Tianyu Zhang. The Emergence of Corporate Pyramids in China[R]. Hong Kong University of Science and Technology Working Paper, 2005.

[29] Jensen, M. C., Meckling, W. H.. Specific and General Knowledge and Organizational Structure [EB/OL][2012 - 10 - 26]. www.docin.com/p-508377863.html.

[30] Khanna T., Rivkin J.. Estimating the Performance Effects of Business Groups in Emerging Markets[J]. *Strategic Management Journal*, 2001(22).

[31] Khanna T., Palepu K.. Policy Shocks, Market Intermediaries and Corporate Strategy: The Evolution of Business Groups in Chile and India[J]. *Journal of Economics & Management Strategy*, 1999(8).

[32] Khanna, T., Palepu, K.. Why Focused Strategy May be Wrong in Emerging Markets[J]. *Harvard Business Review*, 1997(75).

[33] Khanna, T., Palepu, K.. Is Group Membership Profitable in Emerging Markets? An Analysis of Diversified Indian Business Groups[J]. *Journal of Finance*, 2000(55).

[34] Khanna T., Yafeh Y.. Business Groups in Emerging Markets: Paragons or Parasites? [J]. *Journal of Economic Literature*, 2007(45).

[35] Rafael La Porta, Florencio Lopez-de-Silanes, Andrei Shleifer. Corporate Ownership around the World[J]. *Journal of Finance*, 1999(54).

[36] La Porta, R., Lopez-de-Silanes, F., Shleifer, A., Vishny R.. Investor Protection and Corporate Valuation [J]. *Journal of Finance*, 2002(57).

[37] Levy, Harm. Economic Valuation of Voting Power of Common Stock[J]. *Journal of Finance*, 1982(38).

[38] Randall Morck, Daniel Wolfenzon, Bernard Yeung. Corporate Governance, Economic Entrenchment and Growth[J]. *Journal of Economic Literature*, 2005(43).

[39] Randall Morck, Masao Nakamura, Anil Shivdasani. Banks, Ownership Structure, and Firm Value in Japan[J]. *Journal of Business*, 2000(73).

[40] Rajan, R., Servaes, H., Zingales, L.. The Cost of Diversity: The Diversification Discount and Inefficient Investment[J]. *The Journal of Finance*, 2000(55).

[41] Rydqvist, Kristian. Empirical Investigation of the Voting Premium [R]. Northwestern University Working Paper, 1987.

[42] Shleifer, Andrei, Robert Vishny. A Survey of Corporate Governance [J]. *Journal of Finance*, 1997(52).

[43] Todd Mitton. A Cross-firm Analysis of the Impact of Corporate Governance on the East Asian Financial Crisis[J]. *Journal of Financial Economics*, 2002(64).

[44] Welch, I.. Sequential Sales, Learning, and Cascades[J]. *Journal of Finance*, 1992(47).

[45] Yohanes E. Riyanto, Linda A. Toolsema. Tunneling and Propping: A Justification for Pyramidal Ownership[J], *Journal of banking and finance*, 2008(32).

中文文献

[1] 陈郁.所有权、控制权与激励：代理经济学文选[M].上海：上海三联书店、上海人民出版社,1998.

[2] 李维安,张俊喜.公司治理前沿(经典篇)[M].北京：中国财政经济出版社,2003.

[3] 毛世平.金字塔控制结构的影响因素及其经济后果[M].北京：经济科学出版社,2008.

[4] [日]青木昌彦.比较制度分析[M].上海：上海远东出版社,2001.

[5] 王化成.控制权转移与利益流动——基于中国上市公司的理论与实证研究[M].北京：中国人民大学出版社,2011.

[6] 王俊秋.大股东控制、掏空行为与投资者保护[M].上海：立信会计出版社,2011.
[7] 王永.公司控制权结构与经营绩效——基于中国民营上市公司的实证分析[M].北京：中国经济出版社,2012.
[8] 曾昭灶.股权结构、私有收益与控制权转移[M].北京：经济科学出版社,2007.
[9] 张文龙.中国民营上市公司金字塔结构成因及经济后果[M].北京：经济科学出版社,2011.
[10] 艾辉.金字塔结构下家族上市企业资本结构研究[D].大连理工大学,2010.
[11] 蔡安辉.实际控制人类型、市场化程度与民营企业金字塔结构的经济后果[J].管理评论,2011(8).
[12] 曹新伟.金字塔结构对投资者的影响——以双汇发展为例[J].中国石油大学学报(社会科学版),2010(5).
[13] 陈德球,金鑫,刘馨.政府质量、社会资本与金字塔结构[J].中国工业经济,2011(7).
[14] 陈晓红,尹哲,吴旭雷."金字塔结构"、家族控制与企业价值——基于沪深股市的实证分析[J].南开管理评论,2007(5).
[15] 陈晓红,尹哲,曾江洪.家族控制、企业规模与成长性[J].系统工程,2006(10).
[16] 陈炜.上市公司"金字塔结构"损害中小投资者利益吗——基于投资收益的实证研究[J].证券市场导报,2009(11).
[17] 程仲鸣,夏新平,余明桂.政府干预、金字塔结构与地方国有上市公司投资[J].管理世界,2008(9).
[18] 戴亦一,潘越.金字塔结构、最终控制者性质与盈余操纵——来自我国上市公司的经验证据[J].经济管理,2009(10).
[19] 邓德强.金字塔结构与内部控制信息披露——来自沪市上市公司的经验证据[J].东北财经大学学报,2011(4).
[20] 邓淑芳,陈晓,姚正春.终极所有权、层级结构与信息泄露——来自

控制权转让市场的经验证据[J]. 管理世界,2007(3).
[21] 冯旭南,李心愉. 终极所有权和控制权的分离:来自中国上市公司的证据[J]. 经济科学,2009(2).
[22] 谷祺,邓德强,路倩. 现金流权与控制权分离下的公司价值——基于我国家族上市公司的实证研究[J]. 会计研究,2006(4).
[23] 韩志丽,史浩江. 民营企业选择金字塔结构的影响因素研究——理论模型与经验证据[J]. 管理工程学报,2009(2).
[24] 韩亮亮,李凯,徐业坤. 金字塔结构、融资替代与资本结构——来自中国民营上市公司的经验证据[J]. 南开管理评论,2008(6).
[25] 韩志丽,杨淑娥,史浩江. 民营金字塔结构下控制性少数股东隧道效应研究——来自我国上市公司的经验证据[J]. 系统工程理论与实践,2007(6).
[26] 韩忠雪,程蕾. 政治关联、制度环境与金字塔结构[J]. 经济与管理研究,2012(5).
[27] 洪镔. 金字塔结构与民营上市公司利益侵占行为——基于股权分置改革的视角[R]. Proceedings of International Conference on Engineering and Business Management,2011.
[28] 纪玉俊. 金字塔控股结构下的控股股东代理问题研究[D]. 山东大学,2006.
[29] 剧锦文. 公司治理的均衡分析[J]. 经济经纬,2006(6).
[30] 剧锦文. 债权人参与下的公司治理均衡分析[J]. 湖南社会科学,2007(4).
[31] 角雪岭. 金字塔持股、终极控制权配置与公司绩效[D]. 暨南大学,2007.
[32] 李培功. 国有控股上市公司金字塔所有权结构影响因素分析[D]. 暨南大学,2006.
[33] 李学伟,马忠. 金字塔结构下多个控制性大股东的制衡效应[J]. 中国软科学,2007(7).
[34] 李增泉,余谦,王晓坤. 掏空、支持与并购重组——来自我国上市公

司的经验证据[J].经济研究,2005(1).
[35] 李增泉,辛显刚,于旭辉.金融发展、债务融资约束与金字塔结构——来自民营企业集团的证据[J].管理世界,2008(1).
[36] 李增泉,孙铮,王志伟."掏空"与所有权安排——来自我国上市公司大股东资金占用的经验证据[J].会计研究,2004(12).
[37] 梁春树.金字塔结构、实际控制人与资金占用[D].汕头大学,2011.
[38] 梁彤缨,冯莉,陈修德.金字塔结构、在职消费与公司价值——来自中国上市公司的经验证据[J].山西财经大学学报,2012(11).
[39] 刘立亚.我国国有上市公司金字塔股权结构与公司价值关系研究[D].湖南大学,2008.
[40] 刘立燕,熊胜绪.金字塔结构、法律环境与超控制权收益——来自中国上市公司的经验证据[J].商业经济与管理,2011(8).
[41] 刘启亮,李增泉,姚易伟.投资者保护、控制权私利与金字塔结构——以格林柯尔为例[J].管理世界,2008(12).
[42] 刘情,宋从涛.金字塔结构对民营上市公司业绩影响的实证研究[J].会计之友,2012(30).
[43] 刘芍佳,孙霈,刘乃全.终极产权论、股权结构及公司绩效[J].经济研究,2003(4).
[44] 刘腾飞.民营上市公司金字塔式持股结构研究[D].浙江大学,2006.
[45] 刘亚.金字塔所有权结构与盈余管理[D].暨南大学,2008.
[46] 吕晓斌.金字塔结构中的侵占行为研究[D].吉林大学,2007.
[47] 吕源,姚俊,蓝海林.企业集团的理论综述与探讨[J].南开管理评论,2005(8).
[48] 罗党论,唐清泉.金字塔结构、所有制与中小股东利益保护——来自中国上市公司的经验证据[J].财经研究,2008(9).
[49] 马自芳.中国上市公司金字塔股权结构下剥夺型治理结构研究[D].安徽大学,2011.
[50] 马忠,陈彦.金字塔结构下最终控制人的盘踞效应与利益协同效应

[J].中国软科学,2008(5).

[51] 马忠,吴翔宇.金字塔结构对自愿性信息披露程度的影响:来自家族控股上市公司的经验验证[J].会计研究,2007(1).

[52] 毛世平,吴敬学.金字塔结构控制与公司价值——来自于中国资本市场的经验证据[J].经济管理,2008(14).

[53] 毛世平,吴敬学.金字塔结构与控制权和所有权——基于涉农上市公司的经验证据[J].农业技术经济,2008(3).

[54] 潘岳萍.创始家族控制、金字塔结构与债务资本成本[D].浙江工商大学,2012.

[55] 秦剑.民营上市公司金字塔结构下的企业价值[D].西南财经大学,2009.

[56] 宋城.金字塔结构对民营上市公司价值的影响[D].广东商学院,2010.

[57] 苏启林,朱文.上市公司家族控制与企业价值[J].经济研究,2003(8).

[58] 苏勇,张军.家族企业集团:金字塔结构、多元化经营、企业绩效——来自中国家族上市公司的经验证据[J].兰州学刊,2012(5).

[59] 孙广易.金字塔结构下家族企业代理问题的实证研究[D].暨南大学,2009.

[60] 孙晓琳.终极控股股东对上市公司投资行为影响的研究[D].东北财经大学,2010.

[61] 唐宗明,蒋位.中国上市公司大股东侵害程度实证分析[J].经济研究,2002(4).

[62] 唐宗明,奚俊芳,蒋位.大股东侵害小股东的原因和影响因素分析[J].上海交通大学学报,2003(4).

[63] 汤彦峰.基于金字塔结构的上市公司过度股权融资研究[D].浙江大学,2010.

[64] 王蓓,郑建明.金字塔控股集团与公司价值研究[J].中国工业经济,2010(2).

[65] 王俊秋,张奇峰. 法律环境、金字塔结构与家族企业的"掏空"行为[J]. 华东理工大学学报(社会科学版),2007(3).
[66] 王力军. 最终控制权结构与公司绩效关系的比较研究[J]. 商业研究,2008(11).
[67] 王力军. 金字塔结构控制、投资者保护与公司价值——来自我国民营上市公司的经验证据[J]. 财贸研究,2008(4).
[68] 王明琳. 支持、掏空与家族控制的金字塔结构[J]. 财经论丛,2007(1).
[69] 王敏,李瑕. 金字塔结构特征对上市公司现金股利政策的影响[J]. 南京审计学院学报,2012(3).
[70] 王鹏,周黎安. 控股股东的控制权、所有权与公司绩效:基于中国上市公司的证据[J]. 金融研究,2006(2).
[71] 王小泳."金字塔"式股权结构背景下的资本结构研究——基于实际控制人为自然人的沪市上市公司样本分析[D]. 华中科技大学,2009.
[72] 汪熹. 我国金字塔股权结构和公司价值的实证研究[D]. 重庆大学,2011.
[73] 夏立军,方轶强. 政府控制、治理环境与公司价值——来自中国证券市场的经验证据[J]. 经济研究,2005(5).
[74] 徐星美. 金字塔结构:代理问题的独特性与经济后果[J]. 财务与会计,2010(3).
[75] 徐星美,李晏墅. 金字塔结构和权益资本成本:理论分析与经验证据[J]. 财贸经济,2010(5).
[76] 杨淑娥,韩志丽. 金字塔结构选择特征研究[J]. 财贸研究,2009(1).
[77] 韩志丽,杨淑娥,史浩江. 民营金字塔结构下控制性少数股东隧道效应研究——来自我国上市公司的经验证据[J]. 系统工程理论与实践,2007(6).
[78] 曾子鑫. 金字塔结构股份公司控制权的度量方法研究[D]. 华东理工大学,2012.

[79] 张莉.大股东资金占用影响因素研究[D].中南大学,2010.
[80] 张兴亮,欧理平.金字塔结构与会计盈余可靠性——来自中国民营上市公司的经验证据[J].财经理论与实践,2010(6).
[81] 张学洪,章仁俊.金字塔结构下控制权、现金流权偏离与隧道行为[J].经济经纬,2010(4).
[82] 张学勇."金字塔"式股权结构下中国上市公司中小股东利益——兼论外资持股的治理效应[D].浙江大学,2007.
[83] 张文龙.中国民营上市公司金字塔结构成因及经济后果研究[D].华中科技大学,2009.
[84] 郑静.金字塔股权结构与控股股东行为[D].山东大学,2010.
[85] 郑志刚.新兴市场分散投资者投资"金字塔结构"公司的激励[J].经济研究,2005(4).
[86] 钟贵江.基于金字塔结构下的民营上市公司股权研究[D].南京财经大学,2008.
[87] 周传丽,柯萍.内部资本市场融资约束效应:金字塔结构下的实证研究[J].华南师范大学学报(社会科学版),2010(6).
[88] 周颖,艾辉.金字塔结构、终极股东控制权与资本结构——基于中国上市家族企业面板数据的实证研究[J].软科学,2011(1).
[89] 周颖,武慧硕,徐继伟.金字塔结构类型与资本结构——基于中国上市家族企业面板数据的实证研究[J].大连理工大学学报(社会科学版),2011(4).

后　记

本书主体来源于刘立煌的博士学位论文，王慧敏及赵勇分别在本书成稿过程中补充修订了理论综述部分及第9章、第10章的相关内容。无论在博士论文起草过程中还是本书写作过程中，均得到了中国社会科学院经济研究所剧锦文教授的悉心指点，在为人治学各方面，剧锦文教授都为后学作出了楷模，在此谨向剧锦文教授致以衷心感谢！

在本书成稿过程中，作者深感金字塔控股结构作为我国上市公司普遍采取的控股模式，在此领域的深入研究有其重要的学术和实践价值。尤其十八届三中全会明确了国企混合所有制改革的方向，期望通过合理的股权结构和现代化的公司治理，实现国企的结构调整和转型升级。在全新的政策背景下，进一步研究金字塔控股结构的典型特征，将为保护股东权益、规范证券市场提供有益借鉴，也将为即将展开的国企混合所有制改革提供政策参考。

最后，感谢北京师范大学经济与工商管理学院副院长高明华教授对本书提出的关键的指导意见，同时感谢家人、所在单位以及出版社各位编辑，没有你们的厚爱和支持，就不会有本书的出版。

刘立煌　赵　勇　王慧敏

2015年5月

图书在版编目(CIP)数据

金字塔控股结构与绩效稳定性/刘立煌,赵勇,王慧敏著. —上海: 东方出版中心,2016.1

(公司治理与国企改革研究丛书)

ISBN 978-7-5473-0895-0

Ⅰ.①金… Ⅱ.①刘… ②赵… ③王… Ⅲ.①上市公司-股权结构-研究-中国②上市公司-企业绩效-研究-中国 Ⅳ.①F279.246

中国版本图书馆CIP数据核字(2015)第291575号

责任编辑 孟 芳
封面设计 郁 悦

金字塔控股结构与绩效稳定性

出版发行: 东方出版中心
地　　址: 上海市仙霞路345号
电　　话: 62417400
邮政编码: 200336
经　　销: 全国新华书店
印　　刷: 常熟新骅印刷有限公司
开　　本: 710×1020毫米 1/16
字　　数: 165千字
印　　张: 13.25 插页2
版　　次: 2016年1月第1版第1次印刷
ISBN 978-7-5473-0895-0
定　　价: 49.80元

版权所有,侵权必究

东方出版中心邮购部 电话: (021)52069798

2023